Ce que veulent les femmes

METTEZ TOUS LES HOMMES À VOS PIEDS

MARIE FORLEO

PRÉFACÉ PAR CAROLINE AVON

ma éditions

1re Édition française - Février 2009

Auteur Marie FORLEO

Traducteur Anne CONFURON

ISBN : 978-2-300-019418

MICRO APPLICATION
Support technique :
20-22, rue des Petits-Hôtels
75010 PARIS
Également disponible sur
www.microapp.com

http://www.microapp.com
Tél. : 01 53 34 20 20
Fax : 01 53 34 20 00

Retrouvez des informations sur cet ouvrage !
Rendez-vous sur le site Internet de Micro Application **www.microapp.com.** Dans le module de recherche, sur la page d'accueil du site, entrez la référence à 4 chiffres indiquée sur le présent livre. Vous accédez directement à sa fiche produit.

Ce livre est dédié à Josh.

Je t'aime.

Il n'y a jamais trop de femmes superbes.

Marianne Williamson, auteur.

Sommaire

Partie 3 Rassemblons tout 161

Chapitre 12 Questions fréquemment posées : 21 réponses à vos dilemmes de rencontres les plus brûlants 163

Remerciements

Merci, chère lectrice, pour avoir investi dans ce formidable guide afin de laisser libre cours à votre irrésistibilité. J'ai écrit ces pages en ayant votre beauté à l'esprit.

Merci à mes nombreux professeurs et mentors qui ont partagé leur philosophie dans leurs cours, les livres, les programmes audio, les appels téléphoniques et les repas. Je vous suis reconnaissante pour la sagesse que vous m'avez transmise et que vous avez entretenue au fil des années.

Enfin, merci mille fois à ma famille, à mes amis, à mes clients et collègues pour m'avoir écoutée, soutenue, encouragée et entourée. Merci surtout à Josh Pais, Ron Forleo, Miriam Forleo, Ronny Forleo, Kelli Dalrymple, Marc Santa Maria, Donna Cyrus, Fernanda Franco, Lenore Pemberton, Caitlin Ward, Roderick Hill, TAG Online, Lynne Klippel, Deborah-Miriam Leff, Bill Gladstone, Waterside Productions, John Aherne, McGraw-Hill, les filles (Melissa, Ginger, Simone, Tracy, Semira, Michelle et Kristin), Monika Batista, les danseurs DTW du mardi soir, les Crunch Dancers, le Crunch Fitness, Joe Polish, Piranha Marketing, la communauté "Transformational Community" et enfin, Ariel et Shya Kane, je vous adore tous les deux !

Avant-propos

Que diriez-vous si je vous disais maintenant que, dans environ une heure, je pourrai partager avec vous en quelques minutes des informations qui vous rendront plus heureuse, mieux dans votre peau et plus séduisante ?

Que diriez-vous si ces mêmes informations pouvaient transformer à jamais la qualité de votre vie amoureuse ?

Que diriez-vous si vous connaissiez le secret pour être irrésistiblement séduisante, avoir des relations saines et satisfaisantes sans être manipulatrice ou faire semblant ?

Que diriez-vous si vous n'aviez pas besoin de jouer à un jeu, de suivre des règles ou de calculer pour obtenir ce que vous voulez ?

Cela vous intéresse ? Vous êtes prête à passer une heure avec moi ? Aimeriez-vous être si irrésistible que vous pourriez à peine vous en passer ?

Si l'idée d'être authentique, expressive et irrésistible vous intéresse, et j'espère que c'est le cas, alors vous avez ce qu'il faut entre les mains. Ce livre est conçu pour vous inciter à transformer votre vie. Vous découvrirez de nouvelles possibilités que vous n'aviez encore jamais imaginées dans votre travail, dans votre vie de tous les jours avec votre famille, vos amis et sans que cela requiert beaucoup d'efforts de votre part (cela vous plaît, non ?).

Vous vous demandez pourquoi choisir un titre pareil : *Mettez tous les hommes à vos pieds ?* Vous pensez peut-être : "Je ne veux pas avoir tous les hommes à mes pieds, un seul sera bien suffisant !" Bon, je dois vous avouer quelque chose. J'ai choisi ce titre pour vous inciter à lire ce livre. Ce que vous êtes sur le point d'apprendre, c'est une approche radicalement nouvelle pour être complètement irrésistible et avoir de superbes relations avec tous ceux qui sont autour de vous.

Ce que vous allez apprendre sera à l'opposé de ce que vous avez cru ou appris par le passé. Gardez à l'esprit que vous lisez ce livre parce que vous êtes en mesure de comprendre ce qui ne fonctionne pas chez vous.

Voici mon premier truc : lorsque quelque chose ne va pas dans votre vie, dites-vous bien que vous avez les mauvaises informations. Ne vous inquiétez pas, ça n'est pas grave. C'est plutôt une bénédiction. Cela veut dire que vous avez conscience d'être hors des rails et que vous avez déjà pris la première décision pour corriger cet état.

Avec un esprit ouvert et la volonté d'avoir une belle vie irrésistible, vous êtes sur le point de découvrir un nouveau monde d'amour, des relations et un authentique échange qui est à portée de votre main.

Comment retirer le maximum de ce livre ?

Ce livre est fait pour éclairer, dynamiser et transformer. Lorsque cela s'est avéré nécessaire, j'ai ajouté des questions provocantes pour susciter des défis et vous aider à mettre en place des changements durables et significatifs dans votre vie.

Si vous avez besoin d'informations supplémentaires et de soutien, j'ai créé un site Internet gratuit (***Makeeverymanwantyou.com/actionguide***), qui inclut tous les exercices de ce livre ainsi qu'un programme audio complémentaire de quatre semaines, pour vous aider à rester inspirée et sur les bons rails. Allez sur ce site pour télécharger ce dont vous avez besoin.

Souvenez-vous, lire et comprendre quelque chose est à des années-lumière des actions que vous pouvez réellement entreprendre. Je pourrais passer une journée à lire des ouvrages sur la façon d'écrire un livre de développement personnel et comprendre que j'ai besoin d'avoir une idée, un plan, un ordinateur et une imprimante. Mais si je ne m'assieds pas pour écrire, le livre de développement personnel ne verra jamais le jour ! C'est la même chose pour vous, chère lectrice. Vous devez mettre en pratique le fait d'être irrésistible si vous voulez vraiment mettre tous les hommes à vos pieds. Intellectualiser l'idée n'est pas suffisant.

Ce livre vous explique comment utiliser votre conscience pour faire disparaître des tendances cachées et des comportements qui nuisent à vos relations. En ce qui concerne ma propre expérience, lorsque vous devenez consciente d'un comportement et que vous le notez, sans vous juger, ce comportement disparaît de lui-même. Ne pas se juger facilite la résolution. Il suffit de voir. Lorsque vous vous voyez vous-même telle que vous êtes, sans vous juger, vous dissolvez le conditionnement de votre passé.

Il ne s'agit pas ici de vous donner un objectif pour être celle que vous pensez devoir être. Lorsque vous décidez d'être encore mieux ou d'aller mieux, il se passe deux choses. D'abord, vous annoncez clairement que vous êtes perdue et que vous avez besoin d'aide. Cela vous enferme dans un état d'esprit négatif ("Je ne suis pas assez bien"). Ensuite, il y a des chances pour que vous résistiez à ces habitudes ou à ces tendances que votre esprit considère comme mauvaises ; et du fait que (comme vous le verrez) tout ce à quoi nous résistons reste bien ancré, ces habitudes et ces tendances ont la vie dure. Vous voulez une preuve ? Pensez à ces bonnes résolutions que vous avez souvent prises pour la nouvelle année et vous verrez que c'est une approche peu efficace.

Vous pensez peut-être que vous êtes perdue, que vous ne pouvez pas remarquer ce que vous faites sans vous juger ou que vous ne pouvez pas voir ce qui ne va pas chez vous ? Voici comment faire.

Soyez indulgente avec vous-même. Soyez innocente dans votre approche. Lorsque vous découvrez quelque chose sur vous-même, dites-vous : "Oh… intéressant" ou bien "Tiens, tiens…" Observez simplement ce qui est sans essayer de changer. Arrêtez de vous mettre la pression pour incarner la personne parfaite que vous avez idéalisée dans votre esprit. Malgré ce que l'on croit habituellement, vous pouvez tout à fait avoir envie de changer et d'apprendre sans avoir un problème sous-jacent à régler.

Je sais par exemple que je suis une bonne danseuse et je veux toujours faire mieux. Lorsque je trouve une nouvelle danse plus difficile, je cherche à trouver s'il y a quelque chose que je pourrais faire (ou ne pas faire) qui m'empêche de réaliser le mouvement. J'essaie différentes choses avec mon corps. Je peux demander de l'aide à d'autres danseurs ou professeurs. Je veux toujours apprendre. Je trouve parfois le mouvement en cherchant de mon côté, parfois c'est un autre danseur qui me montre ce que je ne trouve pas toute seule. Alors je dis : "Oh, oui, je vois ! Merci !" Et c'est suffisant. Transformation, expansion, développement. Tout est fait avec un esprit de découverte par soi-même et non pas dans l'idée de se reprocher telle ou telle chose.

La façon la plus rapide de voir les résultats, c'est de faire équipe avec d'autres personnes. De nombreuses études montrent que ceux qui pratiquent à plusieurs ont tendance à perdre plus vite du poids, et se sentent plus satisfaits et soutenus. Rester en forme, c'est la même chose. Lorsque vous échangez avec les autres, vous abandonnez plus vite des comportements négatifs, vous restez vraie de façon plus continue et vous ressentez plus d'amour et de soutien.

Parlez de ce que vous avez appris avec vos amis, vos frères ou vos sœurs, vos collègues, votre mère ou votre coach, quelqu'un avec qui vous avez un échange véritable. Lorsque des personnes partagent ensemble quelque chose, un véritable miracle a lieu.

Ce livre est le vôtre. Servez-vous-en. Essayez de mettre les concepts en pratique. Faites tous les exercices. Expérimentez et découvrez votre vérité. Utilisez la magie de ces pages pour vous aider à exprimer la force, le charme et la sensualité qui sont en vous.

Le monde a besoin de cette belle femme, élégante et drôle que vous mourez d'envie de montrer. C'est un plaisir pour moi de vous expliquer comment faire. Allons-y !

L'histoire de ce livre

Le projet a vu le jour il y a plus de six ans. J'avais une vingtaine d'années, j'étais fiancée. Nous vivions dans une petite pièce de West Village à New York. Je commençais tout juste un travail de coach après avoir quitté des emplois à Wall Street, dans la mode et la publicité. J'avais envie d'écrire un livre et je commençais à prendre mes marques dans le monde. Quel meilleur sujet que celui des femmes et des relations ! Il n'y avait qu'un seul problème, celui de ma propre relation.

J'étais jeune, je réussissais, j'étais séduisante avec un diamant au doigt, un bon compte en banque, un beau et gentil fiancé, un bon groupe d'amis et une famille qui attendait mon mariage, et tout ce que je voulais, c'était sortir de tout cela. Comment pouvais-je penser promouvoir un livre sur les relations alors que la mienne était complètement en l'air ? C'était impossible. Mon livre a vu le jour à partir d'Internet et tout est parti de là.

Au fond de moi, je savais que je devais me libérer de cette relation, mais pendant six long mois, j'avais trop peur de me lancer. Que pouvais-je dire ? Où pourrais-je aller vivre ? Que se passerait-il pour mon travail ? Que penseraient mes parents ? Et les autres ? Qu'allais-je penser de moi ?

Chaque jour, le mensonge dans lequel je vivais grossissait, plus douloureux et plus envahissant. Les disputes que j'avais avec mon fiancé devenaient telles que c'était presque insupportable de partager le même espace. Et puis, un matin tout a basculé. Je me suis réveillée et j'ai pensé : "Cela ne peut plus durer. Il faut que j'arrête tout de suite. Ma vie en dépend." Je ne sais plus exactement ce que j'ai dit ; mais une chose est sûre, dès que les mots "c'est fini" sont sortis de ma bouche, j'ai ressenti un énorme soulagement et de l'ivresse comme jamais auparavant. Évidemment, nous avons pleuré lorsque je lui ai rendu la bague, mais au fond de moi, je savais que c'était la meilleure décision pour nous deux.

Dès ce moment-là, les choses n'ont plus jamais été les mêmes. C'est comme si mon âme s'était retrouvée lorsque j'ai eu le courage de dire ma vérité. J'ai commencé à suivre des séminaires de développement personnel et j'ai fait tout mon possible pour découvrir ce que cela apportait de vivre une vie magnifique et vraie. Cela m'intéressait surtout de comprendre comment avoir des relations qui fonctionnaient vraiment et ce que cela apportait d'être soi-même et satisfaite de manière constante. J'ai lu beaucoup de livres, je suis allée à des séminaires et j'ai loué les services des meilleurs coachs. Ce qui s'est passé ensuite est un véritable miracle.

Ma vie, qui n'était jamais vraiment mauvaise, est devenue vraiment magique. En dehors d'une volonté de vraiment explorer comment je vivais ma vie et de comprendre ma part de responsabilité, toute la réussite personnelle et professionnelle qui m'avait échappé pendant si longtemps prenait enfin corps.

D'abord, j'ai rencontré un homme incroyable, Josh, avec lequel j'ai construit une relation à part entière. C'est un rêve qui est devenu réalité (si vous voulez toute la vérité, il est même beaucoup mieux que cela). Il est créatif, il me soutient, il est honnête, heureux, tendre et drôle au-delà de tout. Ensuite, un rêve qui semblait impossible est devenu réalité (et vite). Depuis que j'étais enfant, je voulais être danseuse. Sans avoir jamais suivi une formation spéciale, je pensais qu'à l'âge de vingt-six ans, j'étais trop vieille. Quelques mois après avoir débuté, j'ai commencé à enseigner et j'étais embauchée rapidement par MTV comme chorégraphe, productrice et artiste. Peu de temps après, j'ai enseigné et je me suis présentée au niveau international. Depuis, j'ai dirigé des milliers de femmes et d'hommes dans le monde dans des cours, des ateliers et autres événements spéciaux. Je travaille régulièrement avec des magazines comme *Self, Women's Health* et *Prevention* ainsi que pour des organisations comme Crunch Fitness et Nike. Au moment où j'écris ce livre, j'ai créé et dirigé quatre DVD de danse et de culture physique qui figurent dans les meilleures ventes et je suis fière de faire partie de l'élite des athlètes Nike ainsi que d'être entraîneur.

Il y a environ un an, j'ai pensé : "Ce truc marche vraiment !" Pour la première fois, j'ai ressenti clairement les choses, avec une conscience tout à fait déterminée. Excitée à l'idée de partager ce que j'avais découvert et connu, j'ai repris mon activité de coach. Mes clients ont commencé à avoir du succès dans leur vie, à ressentir de la satisfaction comme jamais auparavant et j'ai su qu'il était temps d'écrire une nouvelle version améliorée de *Mettez tous les hommes à vos pieds ?*

Tout ce que j'ai découvert, tout ce qui a profondément changé ma vie, surtout ma capacité à avoir des relations satisfaisantes, vous allez l'apprendre par vous-même dans mon livre. Mais attention, cela va même plus loin.

Ces mêmes principes qui transforment votre vie amoureuse vont aussi rejaillir sur toute votre vie. Votre carrière, vos finances, votre santé, le sentiment du bien-être, tout autant que vos relations avec votre famille, vos amis, vos collègues seront tous renforcés et plus satisfaisants que ce que vous pouvez imaginer. J'ai fait de mon mieux pour ne rien oublier parce que je veux que votre transformation irrésistible soit aussi facile que possible. Vous êtes prête ? Il est temps de prendre votre première leçon : irrésistibilité 101.

L'auteur

Marie Forleo est une femme d'affaires dynamique qui apprend aux gens à être eux-mêmes, à être expressifs et vivants. Avec une approche directe, Marie sait attirer vers elle un public large et varié. En se démarquant des schémas traditionnels, elle a commencé une carrière aux multiples facettes, elle est auteur, elle donne des conférences, elle est coach, danseuse et chorégraphe et professionnelle de la culture physique.

Elle a travaillé pour le *New York Times*, *Shape Magazine* et *Healthy & Fit*, ainsi que sur CNN.com, Forbes.com et HSN. Elle a donné de nombreuses interviews à la radio et à la télévision. En tant que danseuse chorégraphe et professionnelle de la culture physique, elle travaille avec des entreprises de légende comme MTV, VH1 et Nike, et elle est partenaire de magazines féminins comme *Self*, *Women's Health* et *Prevention Magazine*. Elle a réalisé quatre vidéos de culture physique qui figurent parmi les meilleures ventes et elle est fière de faire partie de l'élite des danseurs athlètes de Nike et d'être entraîneur.

Parmi les clients de Marie, citons des hommes d'affaires millionnaires, des chefs d'entreprise, des créateurs et des femmes mères au foyer qui veulent l'excellence et le bien-être de leur esprit, de leur corps et de leur âme.

Marie est née et a vécu dans le New Yersey. Elle partage sa vie aujourd'hui entre le West Village de New York et les Hamptons sur la côte Est avec son acteur favori, Josh, et leur nouvel acteur favori, Zane.

Vous pouvez en apprendre davantage sur Marie en consultant marieforleo.com.

Préface

L'auteure l'avoue elle-même : *Mettez tous les hommes à vos pieds* est un titre accrocheur qu'elle a choisi pour vous inciter à lire ce livre !

Mais ces quelques pages sont bien plus qu'une simple recette de séduction pour femmes en manque d'hommes.

Non, non, il s'agit de transformer sa façon d'être pour sublimer toutes les relations aux autres…

Oui, oui, c'est possible, en lisant ces quelques pages !

Et que la première qui pense qu'en matière de relations humaines, elle n'a rien à améliorer lève le doigt !!! Personne ???

Je suis d'accord avec vous, rien n'est parfait en matière de relations aux autres : en couple, en famille ou au travail, tout pourrait mieux se passer !

Selon Marie Forleo, tout commence par :

1. - une confiance en soi et le fait que nous sommes toutes irrésistibles ! (puisqu'elle nous le dit !)

2. - envisager les relations comme des opportunités spirituelles pour grandir…

3. - l'idée que notre vie, c'est le présent, un point c'est tout !

C'est tout ???

Non, non, ce livre est bien plus que cela : une liste de comportements nous rendant peu séduisantes, des secrets pour bouleverser votre vie…

Parce que oui, tout change tout le temps. Reste une seule certitude : « Vous savez quoi ? On vous aime et tout va bien pour vous. Tout le reste n'est qu'illusion. »

Alors, vite, suivez les conseils de Marie pour mieux vous faire aimer ! Et aimer mieux !

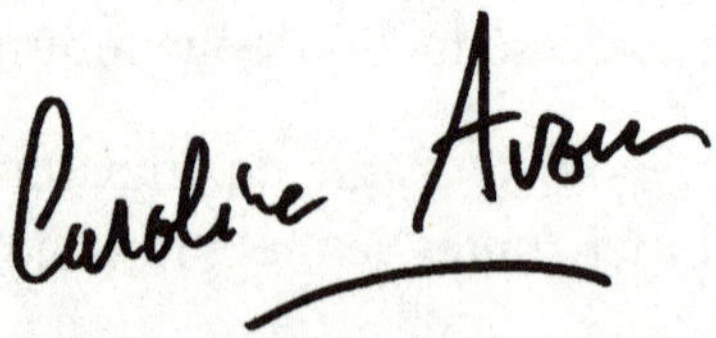

PARTIE 1

Comment mettre tous les hommes (et les autres) à vos pieds ?

Si vous détenez le savoir, la connaissance,
éclairez les autres de vos lumières.
Margaret Fuller, auteur et philosophe

Chapitre 1

Le charme irrésistible 101

Franchissez la première marche avec confiance. Il n'est pas nécessaire que vous ayez une vision d'ensemble de l'escalier. Franchissez simplement la première marche.
Docteur Martin Luther King, Jr.

Pourquoi devez-vous être irrésistible ?

N'avez-vous jamais ressenti que vous étiez née pour réaliser de grandes choses ? Lorsque vous étiez enfant, saviez-vous que vous aviez quelque chose de spécial à exprimer ? Nous avons tous perdu une part de fantaisie – que l'on pourrait qualifier de féminine – dans nos rêves de grandeur, nous les avons troqués contre une recherche du succès plus fonctionnelle et masculine. Sans même le savoir, nous avons été enrôlées pour accomplir une mission : prouver que nous pouvons le faire aussi bien, voire mieux que les hommes. Nous voulons toutes si désespérément réaliser ce que nous imaginons pouvoir nous rendre égales et heureuses (une carrière professionnelle brillante, un bon mariage, une belle famille avec deux enfants voire plus) que nous en oublions complètement qui nous sommes : des êtres brillants, sexy et magiques comme personne d'autre ne peut l'être.

Nous avons oublié que notre pouvoir ne repose pas sur la rivalité avec les hommes pour essayer de leur ressembler mais sur notre capacité à profiter de nos atouts naturels – propres à la femme – qui sont la compassion, le charme et la tendresse. Nous guérissons par intuition et nous sommes des séductrices remarquables. C'est l'émotion qui fait battre nos cœurs et nous recherchons la vérité spirituelle. Notre sexualité et nos ruses féminines inspirent, égayent et rendent plus fort. Nous sommes des êtres remarquables.

Le monde a désespérément besoin de femmes irrésistibles : des femmes prêtes à se montrer enthousiastes, bien vivantes et éloquentes, indépendamment des circonstances ; des femmes n'ayant pas peur de dire la vérité ou de défendre ce en quoi elles croient ; des femmes qui se sentent bien tout à la fois dans leur intelligence, leur sensualité et leur compassion ; des femmes qui ne rivalisent pas avec les hommes, ne les dévalorisent pas ou ne se battent pas contre eux (ou contre d'autres femmes), mais qui considèrent les individus pour ce qu'ils sont réellement, soit des êtres humains qui voyagent près d'elles à la recherche d'une vie belle, à la recherche de l'amour.

Soyons honnêtes : l'amour, c'est ce que nous voulons toutes. Certes, nous faisons notre possible pour trouver les vêtements, les cheveux, le corps, le travail, les relations qui conviennent parfaitement, mais ce que nous voulons vraiment, c'est savoir que quelqu'un nous aime et, à partir de là, tout ira bien.

Vous savez quoi ? On vous aime et tout va bien pour vous. Tout le reste n'est qu'illusion. Les inquiétudes, les regrets et l'anxiété sont des interprétations de notre esprit pour détourner notre attention de cette terrifiante prise de conscience : nous allons bien, tout simplement. Lorsque nous nous détendons et que nous sommes attentives à notre propre bien-être, nous révélons notre charme irrésistible. Nos rêves déferlent de nouveau dans nos cœurs et notre esprit est libre de s'exprimer. Sans insuffler autant d'énergie que cela à nos névroses imaginées, nous avons le temps et la force de nous remotiver et, une fois encore, de faire la différence dans le monde au sein duquel nous vivons. Vous êtes une femme extraordinaire. Vous avez un objectif dans ce monde et vous cacher derrière le fait que vous pensez ne rien valoir ou bien que vous êtes incompétente ne vous servira à rien. Le monde a besoin de vous. Il a besoin de ce quelque chose de très spécial que vous saviez posséder lorsque vous étiez enfant.

Revendiquer votre charme irrésistible est la clé qui va vous aider à satisfaire votre potentiel en tant que femme et être humain. C'est le secret pour vous aider à réaliser ce que vous étiez destinée à faire. Les femmes qui sont conscientes de leur charme irrésistible détiennent le cœur du monde dans leurs mains.

Sachez profiter de vos énergies féminines tout autant que de vos énergies masculines. Nous les avons toutes en nous et les intégrer de façon équilibrée va vous permettre de révéler votre potentiel en tant qu'être humain. Accompagnez autant que vous conduisez. Encouragez autant que vous commandez. Dansez avec le flux constant des énergies tout à la fois masculines et féminines que vous possédez en vous et laissez votre charme de femme irrésistible s'exprimer dans tout ce que vous faites. Votre côté féminin est plus incontestable que ce que vous ne pouvez l'imaginer. Votre douceur et votre vulnérabilité sont magnifiques. Vous êtes une femme irrésistible. Soyez fière de vous. Que ce soit dans une salle de conférences, votre chambre, sur un champ de bataille ou à l'épicerie, notre monde a plus que jamais besoin de femmes irrésistibles. Nos enfants en ont besoin. Les entreprises en ont besoin. Nos écoles, nos gouvernements aussi. Le monde a besoin que vous revendiquiez votre intelligence supérieure et que vous la partagiez. Laissez votre vie être un exemple de ce qu'être une femme irrésistible peut avoir de merveilleux.

Le charme irrésistible 101

Le charme irrésistible 101, c'est le travail préparatoire qui prélude à une vie brillante, à des relations magiques et, bien sûr, à se montrer authentiquement irrésistible.

L'objectif de ce chapitre est de vous préparer à de nouvelles possibilités et à une prise de conscience personnelle plus grande. La prise de conscience, c'est ce qui vous permet d'arrêter automatiquement de faire des choses qui éloignent les hommes de vous et de faire naturellement ce qui vous permettra d'avoir des relations satisfaisantes. Maîtrisez bien cela et vous remarquerez que les hommes, les femmes, les enfants, les animaux, les femmes de ménage et tout ce qui bouge d'une façon générale, aucun d'eux ne pourra vous résister.

Votre charme irrésistible repose sur le moment présent

Prenez une profonde inspiration et laissez retomber vos épaules. Relâchez vos mâchoires et profitez du moment présent. Autorisez-vous simplement à être là. Oubliez ce que vous avez à faire. Ne pensez pas à ce que vous pourriez préparer pour le dîner et oubliez ce que vous n'avez pas fait aujourd'hui à votre travail.

Votre aptitude à vous montrer complètement irrésistible et à rendre tous les hommes fous de vous repose sur le moment présent. Lorsque vous êtes complètement dans le moment présent (cela veut dire que toute votre attention est dans le "maintenant"), vous avez accès à l'infinie source de beauté et de vie de tout être vivant sur la planète. Vous vous fondez dans l'intelligence incommensurable et la splendeur éternelle du monde.

Au niveau physiologique, être présent signifie que vous cessez de vous livrer à des divagations mentales. Vous engagez activement votre esprit, votre corps et votre âme dans ce que vous faites dans le moment présent. Vous cessez de penser au passé, vous cessez de vous tourmenter sur ce qui se passera demain. Vous portez toute votre attention sur ce qui se passe devant vous, maintenant. En ce qui concerne la lecture de ce livre par exemple, être présent signifie que vous consacrez toute votre attention à l'"écoute" des mots de la page que vous êtes en train de lire.

Abstenez-vous de comparer cet ouvrage à tout autre livre de développement personnel que vous avez pu lire auparavant ou de vous demander si cela pourra marcher pour vous ou non. Tout ce bavardage mental vous éloigne du moment présent et de votre charme irrésistible. Accorder de l'attention à cette conversation que vous avez avec vous-même vous a perdue et vous a désorientée au départ.

Voici une pépite de sagesse qui peut transformer votre vie en un instant. Vous êtes prête ? Vous n'êtes pas votre esprit.

Vous avez un esprit mais vous n'êtes pas lui. Vous n'êtes pas non plus la conversation que vous avez avec vous-même. Vous pourriez dire "Quelle conversation ? De quoi parle-t-elle ?"

Bien sûr, vous pourriez vous demander "Alors, QUI SUIS-JE ?" Vous êtes un être fabuleux au-delà de votre esprit. Vous êtes la conscience, celle qui observe et qui écoute. Vous êtes la conscience sage, élégante, généreuse et aimante qui sait exactement de quoi je parle à l'instant présent.

Notez bien ceci : votre charme irrésistible est beaucoup plus grand lorsque vous êtes présente et libérée de tout monologue intérieur. C'est parce que la richesse et la gloire de votre personne se voient de l'extérieur. Votre personne est le meilleur moyen d'exprimer qui vous êtes. Votre moi est éternel et beau, plein d'amour, de compassion, de pardon et de sensualité. Il n'a besoin de rien et ne recherche pas l'approbation. Il exprime qui vous êtes vraiment au-delà de vos inquiétudes et de vos peurs.

Votre esprit, par ailleurs, est un automate passé/futur fondé sur la peur, qui est essentiellement préoccupé par la survie. Il est sans cesse en train de comparer, d'analyser, de comploter et de vous dire ce que vous devez faire pour devenir meilleure, plus jolie, plus brillante ou plus séduisante. Votre esprit n'est généralement pas d'un grand secours pour votre charme. Il aime parler de vos erreurs et vous dire que vous êtes mauvaise, sans charme, grosse, idiote, vieille ou sans grand intérêt. Au fait, rien de ce que vous dit votre esprit n'est vrai ; mais à moins de devenir consciente du fait que vous n'êtes pas votre esprit, vous prenez tout ce qu'il vous dit pour argent comptant.

La vérité, c'est que cela n'a aucune importance que vous ayez fait des erreurs dans le passé ou bien que certaines de vos relations avec les autres n'aient pas marché. Cela n'a aucune importance non plus de savoir combien vous pesez, quel âge vous avez ou ce que vous faites pour gagner votre vie. Vous pouvez être absolument irrésistible en commençant là maintenant, tout de suite. Les pages qui suivent vont vous montrer comment y parvenir.

Chaque chose est telle qu'elle doit être

Les coïncidences n'existent pas. Tous les éléments qui composent votre vie, vous les avez attirés vers vous, de manière consciente ou non. Tout est exactement là où il doit être. Chaque plaisir, chaque défi, chaque opportunité et les circonstances qui vont avec – même le fait que vous soyez en train de lire ce livre – sont exactement ce dont vous avez besoin pour alimenter votre propre évolution. Rien de tout cela n'est pure coïncidence.

Beaucoup de femmes luttent contre les événements qui se produisent dans leur vie comme si les choses devaient être différentes de ce qu'elles sont. Elles n'ont pas conscience du fait que lorsque l'on se bat contre le moment présent, l'on se bat en fait contre le monde entier. Cette résistance continuelle est dangereuse. Chaque déception, colère, douleur, bouleversement et désaccord que nous ressentons est aussi le résultat de notre résistance face à tel aspect de notre vie.

Inversement, lorsque nous cessons de résister ou de montrer notre désaccord et que nous capitulons devant le fait que tout arrive tel que cela doit être, nous revivons en harmonie avec l'univers et nous obtenons tout de suite un pouvoir personnel plus grand, une meilleure clarté et une irrésistibilité plus forte.

Il est essentiel de bien comprendre qu'accepter que "tout arrive tel que cela doit être" ne signifie pas que vous reveniez sur vos convictions, fassiez la morte et restiez dans une relation désagréable ou sans affection ou encore que vous deveniez contente de vous. Prendre conscience de la réalité vous renforce. C'est vous qui pilotez votre vie et mettez le contact.

Savoir prendre conscience de la réalité revient en fait à se prendre en main. En d'autres termes, cela signifie être plus intéressé par la réalité et cesser de se plaindre ou de souhaiter que les choses soient différentes de ce qu'elles sont. Nous retrouvons cette notion de se prendre en main dans la religion, la spiritualité, le développement personnel ou encore dans la science. Ce n'est pas moi qui ai créé ce concept, mais je le trouve vraiment utile, tout comme vous.

En bref, voici ce que signifie se prendre en main : vous engager dans votre vie avec enthousiasme exactement telle qu'elle est, sans tenir compte de ce que vous aimez ou non, de vos préférences, de vos idées, de vos convictions et de vos opinions sur la façon dont les choses devraient être ou ne pas être. Laissez les choses être comme elles sont, sans aucune restriction. En adoptant cette attitude, vous êtes alors en position de pouvoir choisir celui ou celle que vous aimeriez être.

Vous prendre en main vous permet d'être forte et d'exercer un certain magnétisme dans votre vie. Lorsque vous vous engagez invariablement dans votre vie telle qu'elle est – et non comme vous aimeriez qu'elle soit –, vous n'êtes plus otage des circonstances ou persécutée par le monde qui vous entoure. Voici un exemple. Imaginons que vous soyez prise dans un embouteillage. Évidemment, vous n'aimez pas cela mais la situation est ainsi. Vous avez deux possibilités : maugréer et vous plaindre (vous ne vous prenez donc pas en main) ou capituler (prendre les choses en main) et en profiter. Cela peut être écouter la radio et marquer le rythme de vos chansons préférées (c'est ce que j'appelle affectueusement la danse en voiture), écouter un CD sur un thème d'éducation ou de développement personnel, passer des coups de fil ou simplement vous détendre dans votre siège. Ce que je trouve vraiment extraordinaire, c'est que très souvent, lorsque je rends simplement les armes dans un bouchon, non seulement ma frustration disparaît vite, mais la circulation commence aussi à reprendre assez rapidement son flux normal.

Attention : vous ne pouvez pas vous servir de cela pour intervenir dans une situation afin qu'elle s'améliore. Vous devez simplement donner une impulsion. Ça n'est qu'à partir de ce moment-là que la magie va opérer.

Comprendre cette vérité universelle est essentiel à l'approche de cet ouvrage parce qu'elle constitue votre point d'accès vers un plein épanouissement de votre personne.

Quelques questions perspicaces irrésistibles

- Avez-vous remarqué que lorsque vous résistez, vous vous sentez toujours frustrée ? Vous rendez-vous compte que le fait de remettre en question ce qui est ne génère en vous que douleur et souffrance ?

- Comment serait votre vie si vous vous preniez en main, à temps plein ? Pensez-vous que vous seriez plus ou moins affectueuse ? Plus ou moins efficace ? Plus ou moins irrésistible ?

- À quoi ressemble votre relation à cet instant précis ? Non pas à ce qu'elle devrait être si vous pouviez tous les deux cesser de vous disputer ou s'il avait plus d'argent, mais à ce qu'elle est réellement, à cet instant précis ? Pouvez-vous cesser de vous retenir et commencer à aimer ? Quel impact aurait la compassion sur votre relation ?

- Êtes-vous prête à renoncer à la frustration et à la colère pour laisser la place à une nouvelle possibilité ? Quel niveau de qualité allez-vous donner à votre vie ?

D'où nous viennent nos idées ?

Lorsque j'étais enfant, j'adorais la musique. J'ai en tête une chanson en particulier interprétée par un artiste qui répondait au nom de Falco. Sa chanson était très accrocheuse et je m'amusais à la chanter et à danser en l'écoutant. À l'âge de neuf ans, ce qui me plaisait beaucoup, c'est qu'il avait un accent étranger prononcé et qu'il parlait de pommes de terre chaudes (je pensais bien que c'était un choix bizarre, mais bon, nous étions dans les années 80 et il était autrichien). Cela donnait à peu près ça :

"Pommes de terre chaudes, pommes de terre chaudes, po-mmes de te-rre chaudes, pommes de terre chaudes, oh oh oh, pommes de terre chaudes…" Il y avait aussi un fond de musique électronique vraiment sympa et pendant l'été 1985, lorsque j'avais neuf ans, je pensais que c'était vraiment le top. Avance rapide de neuf années. Je regardais un programme de musique, le Top des Hits des années 80, sur MTV lorsqu'ils ont annoncé que Falco figurait en bonne place. "Génial" ai-je pensé. "Je vais enfin comprendre pourquoi ce type chante ces histoires de pommes de terre chaudes."

À ma grande surprise et à ma grande honte, la chanson n'avait rien à voir du tout avec des pommes de terre chaudes. Le titre de la chanson était : "Rock Me Amadeus". À neuf ans, je n'avais jamais entendu parler d'Amadeus. Il ne faisait pas encore partie de mon vocabulaire. Mon esprit avait donc enregistré quelque chose qui lui était familier (les pommes de terre chaudes) et jusqu'à ce que j'apprenne le véritable sens de la chanson, je croyais que le hit de Falco parlait de patates à la vapeur.

Avec cette histoire, je veux illustrer le fait que chacune des choses que nous connaissons est simplement une collection de pensées et d'informations que nous avons absorbées tout au long de notre vie. La plupart d'entre nous ne cherchons jamais à savoir si ces éléments sont exacts. Lorsqu'il s'agit des hommes et des relations, nous avons toutes absorbé des idées qui non seulement sont inexactes, mais qui ébranlent aussi notre capacité à profiter d'une vie amoureuse saine et satisfaisante.

Soyez lucide : vos parents n'ont sans doute jamais appris à l'école comment avoir une relation merveilleuse. Et vos grands-parents ? Avaient-ils une relation amoureuse qui durait ? Sûrement pas. Ils l'avaient eux-mêmes appris de leurs parents, qui à leur tour l'avaient appris de leurs parents et ainsi de suite.

Ça n'est pas votre faute bien sûr, ni celle des autres non plus, si vous avez construit votre relation sur des bases faussées. Mais il est maintenant de votre responsabilité d'augmenter et d'utiliser ce qui marche. Comme le dit Maya Angelou : "Maintenant, vous savez mieux, alors faites mieux."

Mettez vous au défi

Pendant les prochaines vingt-quatre heures, prenez-vous complètement en main. Peu importe ce qui arrive, votre imprimante tombe en panne, votre rendez-vous s'annule, ou bien votre avion est retardé de deux heures, faites comme si vous aviez voulu que cela arrive. Vous pouvez même dire : "C'est tout à fait ce que je voulais !", quelle que soit la circonstance à laquelle votre esprit veut résister. Par exemple : vous êtes en attente au téléphone depuis quarante-cinq minutes avec votre opérateur. Vous pensez : "... Hum... J'attends depuis quarante-cinq minutes... C'est tout à fait ce que je cherchais !" Puis, lorsque vous perdez la communication juste au moment où vous alliez parler à quelqu'un du service client, répétez-vous : "Hum... Je viens d'être coupée... Et c'est exactement ce que je voulais." Certes, cela peut sembler légèrement dingue, mais cet exercice non seulement vous fera rire mais vous aidera également à devenir consciente de votre façon de résister et à comprendre comment vous créez involontairement de la tristesse, de la frustration et du désordre dans votre vie.

Penchez-vous sur votre façon de penser

La première étape lorsque vous vous attaquez à un problème d'alcoolisme, c'est d'admettre que vous en avez effectivement un. La plupart des femmes, y compris moi, nous avons toutes une sorte de problème pour "penser", surtout lorsqu'il s'agit des hommes et des relations. Nous réfléchissons trop et beaucoup de nos pensées sont répétitives, illusoires et tout simplement toxiques. Donc, tout comme pour le problème d'alcoolisme, pour nous attaquer à notre façon de penser, il faut d'abord que nous admettions que nous avons un problème à ce niveau-là.

Il est couramment admis que l'être humain a environ entre cinquante et soixante mille pensées chaque jour et 95 % de ces pensées sont les mêmes que celles que vous aviez hier. Cela signifie qu'inconsciemment, nous nous nourrissons des mêmes informations inexactes à longueur de journée. Pas de problème si rien ne change d'ailleurs vraiment.

Pour nous en sortir, utilisons notre conscience. Soyez prête à explorer la manière dont votre esprit et vos convictions sont structurés par rapport aux hommes et à vos relations. Regardez de plus près ce à quoi vous croyez et pourquoi vous y croyez. Demandez-vous : "Qui a bien pu me mettre cette idée en tête ? Qui a dit cela ? Est-ce que cela m'est utile ?" Pour cette dernière question, je parie que non.

Voyons maintenant ce que vous savez des relations. Comme nous l'avons vu dans l'épisode des pommes de terre chaudes, l'essentiel de ce que nous croyons être vrai n'est qu'une vieille compilation de pensées et de réflexions empilées par une version de nous-mêmes plus jeune et moins expérimentée.

Lorsqu'il s'agit des hommes et des relations, nos idées sont souvent mises en place pendant une situation qui s'avère difficile, par exemple une rupture. Voici quelques exemples des idées qui surgissent à ce moment-là :

- Je ne peux pas faire confiance aux hommes.
- Je ne suis pas jolie/maigre/talentueuse/suffisamment drôle.
- Tous les hommes trichent.
- C'est très difficile de construire une relation.
- Je ne trouverai jamais personne.

C'est pendant ces périodes de déception que nous prenons des décisions qui limitent nos possibilités d'action dans le futur. Le problème, c'est que nous oublions souvent ce genre de décision. À mesure que nous avançons dans le temps, ces vieilles décisions nous empêchent de nous sentir complètement vivantes et capables de créer un véritable échange dans nos relations.

Tout comme un vieil ordinateur, nos esprits ont des logiciels dépassés. Réfléchir à notre façon de penser, c'est comme avoir la nouvelle version d'un logiciel dont on a grand besoin. Nous découvrirons rapidement que les informations que nous avons stockées dans notre esprit – surtout sur les hommes et les relations – sont non seulement dépassées mais aussi complètement en contradiction avec ce que nous désirons aujourd'hui. Complétez rapidement les phrases qui suivent :

- L'amour est…
- Les hommes bien sont…

Je parie que vous aurez des réponses toutes faites, du style "aveugle" et "difficiles à trouver". Même si nous ne croyons pas que ces affirmations sont vraies, notre esprit, tout comme la fonction Entrée de l'ordinateur, remplira automatiquement les blancs en se basant sur les informations que nous y avons mises ou entendues. Si vous voulez que tous les hommes soient à vos pieds, vous allez devoir prendre conscience de votre façon de penser et faire table rase. Ne pas avoir conscience de ces vieilles idées ne fera que vous paralyser dans le passé, vous ne serez pas connectée à l'instant présent où il existe tant de possibilités de relations plus épanouissantes et chaleureuses.

Être irrésistible demande un engagement personnel

L'engagement personnel signifie être responsable des résultats qui apparaissent ou non dans votre vie. De façon plus précise, responsabilité signifie que vous avez la capacité de répondre à votre vie au lieu de réagir automatiquement à elle. Beaucoup se comportent comme des robots, mimant de façon mécanique des schémas de pensées où il est question d'apitoiement sur soi-même, de ressentiment accablant et de prendre ses désirs pour des réalités. Au lieu de découvrir qui nous sommes maintenant ou avec qui nous sommes maintenant, nous réagissons ou agissons encore, en nous basant sur notre façon de réagir à des événements passés similaires.

Les femmes laissent souvent sortir de vieilles colères et du ressentiment qu'elles ont accumulés sur les personnes avec qui elles sortent aujourd'hui. On retrouve fréquemment des différends à l'encontre d'anciens petits amis, de maris et de patrons et, en particulier, de la rage à l'encontre de Papa.

Un défi pour vous

Quelles idées avez-vous sur l'amour, les hommes et les relations ? Pour vous, quelles sont celles qui sont "vraies" ? Qu'avez-vous appris de votre famille et de vos amis ? Quelles vieilles décisions avez-vous prises sur les hommes ou les relations à l'occasion d'une mauvaise expérience ? Réfléchissez quelques minutes et notez ce que vous pensez être "la vérité".

Regardez maintenant votre première "vérité" et répondez aux questions suivantes. Puis revenez en arrière et relisez les questions pour chacune des vieilles vérités que vous avez notées. Quel âge aviez-vous la première fois que vous avez eu cette idée ? Vous est-elle utile aujourd'hui ? Êtes-vous prête à vous débarrasser de votre façon de penser et à récupérer votre charme irrésistible ?

Ce comportement machinal tue à coup sûr notre irrésistibilité. C'est aussi pour cela que beaucoup de femmes continuent d'avoir les mêmes relations encore et encore avec différents hommes. Elles continuent de reproduire de vieilles habitudes d'automates et produisent sans cesse les mêmes résultats indésirables avec les hommes qu'elles rencontrent. Au lieu de se prendre en main et de chercher à comprendre ce qu'elles font (ou ne font pas), elles trouvent plus facile de faire des reproches au "vilain monsieur" ou à "la malchance".

Être personnellement responsable vous permet de faire disparaître la vieille programmation et de commencer à répondre à votre vie de manière appropriée au lieu de réagir mécaniquement comme vous l'avez fait par le passé. C'est une façon étonnante de vivre. En faisant preuve de responsabilité, vous gagnez un contrôle énorme sur votre vie. Vous pouvez vous libérer de schémas de vie cycliques et faire preuve d'initiative pour jouer sur l'impact de la qualité et de l'existence de vos relations.

La première chose à faire, c'est de prendre conscience de votre façon d'agir dans la vie. Il va vous falloir être curieuse, observatrice et rester neutre. Ariel et Shya Kane, qui sont de très bons amis, sont des auteurs connus dans le monde entier ; ils organisent des séminaires pour des dirigeants et vous apprennent comment prétendre être un anthropologue qui étudie une culture : vous d'une manière facile et efficace.

Ariel et Shya Kane encouragent une approche anthropologique par rapport à la vie. Les anthropologues notent simplement ce qui est. Ils regardent et observent sans commentaire supplémentaire ou jugement. Un anthropologue ne dira jamais par exemple : "Ces sauvages complètement fous se livrent à des danses ridicules autour du feu à des heures impossibles." Un anthropologue dira simplement : "Les indigènes se livrent à des rituels autour du feu à trois heures du matin."

Si vous voulez être complètement irrésistible, vous devez vous observer sans émettre le moindre jugement. Notez simplement ce que vous faites. Lorsque vous jugez, réprimandez, critiquez, lorsque vous vous plaignez de quelque chose ou ajoutez un commentaire à vos propres observations, vous ne faites que cimenter des comportements indésirables.

Le défi, évidemment, c'est que notre esprit est une machine à jugement automatique. Il évalue instantanément tout ce que nous faisons, que ce soit bien ou mal, juste ou inexact. Heureusement, ça n'est pas un problème. L'astuce, c'est de simplement noter le jugement et de ne pas vous juger. Si cela ne marche pas (vous continuez à vous juger parce que vous vous jugez), faites un pas en arrière et ne vous jugez pas parce que vous vous jugez de vous juger. À un moment donné, vous atteindrez un niveau de neutralité.

Il y a une loi en physique qui établit que, pour chaque action, il y a une réaction égale et contraire. En d'autres termes, ce à quoi nous nous opposons persiste. Juger, réprimander, critiquer et se plaindre sont des formes d'opposition. Ce sont des formulations qui ne sont pas neutres et qui agissent comme la glu et vous collent sur le dos vos schémas de comportement non désirés. Lorsque vous notez simplement ce que vous faites au lieu de vous juger ou de vous critiquer, une transformation magique se met en place dans l'instant. Vous n'êtes plus menée par les comportements habituels qui tuent votre charme et sèment la zizanie dans la relation. C'est parce que ce que vous regardez de façon neutre disparaît.

Regarder quelque chose sans jugement est neutre et cela libère. Si vous observez un comportement en restant neutre, vous introduirez le choix dans l'équation. À ce moment-là, vous êtes libre (si vous le voulez) de cesser de faire ce qui tue votre charme. Être neutre dissout dans l'instant la nature habituelle de vos comportements et vous offre le choix d'être authentique, pertinente et irrésistible.

S'il y a dans votre vie une situation particulière ou des circonstances qui ne vous plaisent pas (par exemple être célibataire, ne pas être en forme, timide avec les hommes ou vivre une relation médiocre), vous y êtes opposée. Autrement dit, lorsque vous êtes opposée à quelque chose, vous mettez beaucoup d'énergie à penser combien cela ne vous plaît pas ou à espérer que tout soit fini. Cela crée une sorte de va-et-vient permanent et bientôt, vous ne pensez plus qu'à cela.

Lorsque vous considérez simplement une situation, voyez-la telle qu'elle est et cessez d'espérer qu'elle soit différente. La situation va perdre de son pouvoir sur vous. L'aspect problématique disparaît. Vous vous détendez et vous interagissez avec davantage de tendresse dans votre vie et avec les gens qui vous entourent. Si vous êtes consciente de ce qui est sans opposer de résistance, votre conscience se trouve réveillée. Vous êtes plus clairvoyante et pleine de compassion. Votre efficacité s'en trouve immédiatement renforcée. C'est cette conscience neutre qui va permettre à votre charme de se libérer et vous allez pouvoir penser comme suit :

- Être célibataire n'est plus un problème, si vous n'avez pas réussi à le surmonter non plus. C'est une chance pour vous de vous réengager dans votre vie et de réinvestir dans votre développement spirituel. C'est un moment d'épreuve pour s'amuser, connaître l'aventure, avoir une nouvelle relation amoureuse et se découvrir soi-même.

- Ne pas être en forme n'est plus un défaut permanent. C'est simplement votre point de départ pour vous révéler plus forte, plus solide et en forme.
- Vous trouver dans une relation insatisfaisante n'est pas quelque chose que vous devez rendre différent (vous n'avez pas besoin d'essayer de changer votre partenaire pour qu'il soit quelqu'un qu'il n'est pas). Avouez que cela ne marche plus pour vous et donnez-vous l'occasion de créer quelque chose qui marche.

Contrairement à la croyance populaire, vous n'avez pas besoin d'années de thérapie pour vous guérir ou changer des comportements indésirables. Avec la conscience (encore une fois, il s'agit de remarquer quelque chose sans porter de jugement), la résolution peut intervenir instantanément.

Voyons cela dans la réalité : cela signifie-t-il que si vous avez 26 000 dollars de dettes et que vous considériez cette situation de façon neutre, cela va disparaître littéralement ? Je le voudrais bien. Ce qui arrivera pourtant, c'est que vous ne serez plus dominé par la culpabilité, les soucis et la peur qui va avec. Vous retrouverez votre vie et votre pouvoir personnel. En prenant note de l'existence bien réelle de votre dette, vous pouvez commencer à agir pour la réduire. Le monde vous aidera en vous octroyant une bonification de trop-perçu, une augmentation, des nouveaux clients ou une autre rentrée d'argent. Dans le même temps, vous ne vivrez plus en vous répétant sans cesse que vous êtes "nulle" d'avoir des dettes ou de vivre votre vie dans le manque.

Le premier pas, c'est la responsabilité personnelle. Et pour y parvenir, il faut utiliser sa conscience. Lorsque vous devenez consciente de choses que vous faites qui ne sont pas propices pour séduire et garder les hommes, et si vous ne vous jugez pas pour ce que vous aurez découvert, vous allez cesser de faire ces choses-là.

Le paradoxe irrésistible : vous êtes déjà irrésistible et ça n'est pas fini

Le paradoxe, c'est une formulation qui, au départ, semble être contradictoire, mais qui, après étude approfondie, s'avère être vraie. La plupart des femmes que je connais sont complètement irrésistibles mais elles ne le savent pas encore. Elles vont et viennent avec des idées fausses et démodées sur elles et cherchent une approbation là où elles ne la trouveront jamais, par exemple avoir un corps parfait, une carrière professionnelle réussie ou la relation idéale.

La vérité, c'est que votre irrésistibilité est indépendante du monde dans lequel vous vivez et de la vie que vous menez. Elle est sans âge et en dehors des limites du temps et de l'espace. Vous n'êtes pas séparée d'elle. Vous n'avez pas besoin d'être quelqu'un d'autre ou de faire encore plus pour y accéder. Vous devez simplement vous souvenir de votre vraie nature, de votre moi et être désireuse de considérer les obstacles qui se sont présentés sur votre route sans vous juger pour ce que vous avez découvert.

Vous avez déjà franchi la première étape. Vous avez eu le courage et l'envie d'investir dans ce livre. Cela me conforte dans l'idée que vous voulez vraiment sonder votre jardin personnel et entreprendre le passionnant voyage vers votre épanouissement.

Laissez-moi vous dire ceci : votre irrésistibilité est déjà là. Cependant, il y a certains éléments dont vous n'êtes pas consciente actuellement qui sabotent son plein épanouissement. Et bien que vous soyez déjà irrésistible, il y a encore plus à faire. Votre potentiel est sans limites et vous continuerez à découvrir des facettes plus profondes de votre vie si vous voulez continuer à investir en vous et à pratiquer l'irrésistible style de vie que j'expose dans cet ouvrage. Ne vous trompez pas. Il n'y a *aucune limite* pour que vous soyez rayonnante, vivante et irrésistible.

Des relations satisfaisantes et affectueuses sont votre droit d'aînesse

Vous méritez de connaître des relations saines, satisfaisantes et affectueuses. C'est votre droit d'aînesse. Dieu (ou toute autre divinité, l'univers, le pouvoir supérieur, la source ou comme il vous plaira de l'appeler) vous a créé – et tout ce qui constitue votre univers – dans la plus complète perfection. En raison de votre naissance, vous êtes un être aimé. Ça n'est pas quelque chose que vous devez mériter, manipuler, vous n'avez pas à comprendre comment on le produit. C'est en vous.

D'une certaine façon, l'amour c'est tout cela. La peur, le ressentiment, l'isolement et la solitude sont des illusions créées par notre esprit pour nous faire croire que nous sommes séparés les uns des autres. Notre esprit a besoin de cela pour survivre, c'est là qu'il prend ses forces. Vous savez bien pourtant que, au-delà de cette illusion, l'amour est partout. Vous savez qu'il n'y a pas de limite à la réserve d'amour. L'amour ne manquera jamais et l'on ne peut pas vous le prendre parce que vous êtes sa source. Le distribuer ne le tarit pas, au contraire. Souvenez-vous bien de cela lorsque vous rencontrez des obstacles. L'amour, c'est le combustible qui donne de l'énergie au monde et peut transformer en lumière les plus sombres abîmes. Laissez-vous nourrir par lui pour mieux évacuer toutes les idées négatives et passéistes qui ont pu assombrir jusqu'à maintenant votre véritable nature.

Le charme irrésistible, c'est un mode de vie, ça n'est pas du tout une pilule magique

Vous êtes maintenant en train de découvrir comment faire pour lâcher naturellement votre charme irrésistible. C'est le plus beau cadeau que vous puissiez vous faire ainsi qu'à ceux qui vous entourent. Mais être irrésistible, c'est un mode de vie, pas une pilule magique. C'est comme être dans une formidable forme physique. Vous ne pouvez pas faire de l'exercice une fois, puis ne jamais retourner dans votre salle de sports et espérer rester en forme. Une santé et un bien-être qui durent se construisent dans le temps. Pour votre charme, il en est de même.

Un mode de vie, par définition, c'est une façon de vivre qui reflète les attitudes et les valeurs de quelqu'un. Être irrésistible, cela veut dire être pleine de vie, se montrer expressive et exprimer de la compassion (tout autant pour vous-même qu'envers les autres). Cela signifie aller jusqu'au plus profond de vous-même et vivre constamment avec cette conscience-là.

Vous pouvez facilement oublier tout cela lorsque la vie vous joue des tours. Vous perdez votre travail. Votre imprimante vous lâche juste avant une réunion importante. Le nouveau garçon qui vous semblait si merveilleux se révèle être un parfait pauvre type. Lorsque vous êtes contrariée ou déçue, c'est normal d'être mise K.-O. et d'oublier votre véritable nature. C'est tentant de reprendre les vielles habitudes familières, peu séduisantes. Je ne suggère pas du tout que vous prétendiez que tout est rose alors que ça ne l'est pas. Ce que je veux vous dire, c'est de ne pas abandonner !

Voici trois étapes à suivre pour construire les muscles de votre irrésistibilité :

1. Observez ce que vous ressentez en restant parfaitement neutre. Notez vos émotions. Dites la vérité sans virer dans le mélodrame ou sans vous positionner en victime.

2. Autorisez vos émotions à s'exprimer sans les modifier ni essayer de les escamoter. Notez les sensations physiques que cela vous inspire. Restez vraiment au niveau des émotions sans vous laisser distraire par les mécanismes de votre esprit.

3. Restez vraiment concentrée sur cet instant-là et répondez (sans réaction) à partir de là.

Comprenez-moi bien. Je ne suis pas du tout en train de vous suggérer de faire comme si vous étiez heureuse si vous ne l'êtes pas ou de ne pas vous poser de questions lorsque quelque chose ne va pas. Je vous propose simplement une autre possibilité : un espace d'irrésistibilité où vous pouvez être vous-même et apprécier un sentiment de bien-être en même temps.

N'oubliez pas votre vraie nature. C'est pendant les moments difficiles que nous avons le plus besoin de nous rappeler que nous sommes réellement brillantes. Recentrez-vous sur vous-même en relisant ce livre et d'autres que vous pourrez découvrir pour vous aider à vous sentir inspirée et vivante. Tendez la main. Appelez votre coach ou toute autre personne qui pourra vous aider à vous remettre sur les rails. Servez-vous de ce travail-là pour créer un groupe de femmes irrésistibles (et d'hommes aussi !) qui s'aideront mutuellement pour mieux vivre grâce à leur éclat et non en jouant le rôle de victime.

Tout comme la musculation, ces exercices vont vous aider à construire les muscles de votre irrésistibilité. Vous développerez de la puissance et de l'endurance au fil du temps. Si vous êtes hors course à un moment donné, vous saurez rapidement et facilement vous recentrer. Votre nature intrinsèque est l'irrésistibilité. C'est apaisant, tout à la fois pour vous et pour les autres. Faites-en votre manière de vivre.

Pas de manipulations, de ruses ou de techniques

Être authentiquement irrésistible, cela ne veut pas dire manipuler les hommes ou vous livrer à des ruses pour faire qu'ils vous aiment. Après tout, si vous avez besoin de vous livrer à des manipulations, à agir par la ruse ou à maîtriser des techniques pour vous faire aimer de quelqu'un, cela veut dire qu'il n'aime pas celle que vous êtes réellement.

Il est tombé amoureux d'une technique parfaitement huilée. Et le pire, si vous vous servez de manipulations ou de ruses pour attirer un homme, c'est que vous devrez jouer la comédie pour qu'il ne puisse pas voir la véritable femme qui est en vous. Parce que s'il y parvenait, vous auriez peur qu'il vous quitte !

L'approche que je vous propose est complètement différente. Il s'agit pour vous de vous réveiller, d'être vivante, expressive et, plus important, d'être tout simplement vous-même. Il s'agit de vous débarrasser de toute idée fausse que vous avez pu avoir sur l'amour et les relations. Il s'agit de découvrir votre capacité naturelle à être authentique, sensuelle et carrément irrésistible, non seulement pour votre bien-être, mais aussi pour que ceux qui vous entourent fassent la même chose. Les ruses et les techniques sont minables. L'irrésistibilité authentique est exquise. Allez-y, lancez-vous !

Interdit de jouer les victimes

Les victimes irrésistibles, ça n'existe pas. Être irrésistible, cela signifie que vous prenez l'entière responsabilité de votre vie. Cela veut dire aussi que vous reconnaissez avoir conçu votre vie pour être exactement telle qu'elle est aujourd'hui.

Beaucoup de femmes croient que les événements de leur vie sont déterminés par des facteurs qu'elles ne maîtrisent pas. J'entends souvent des femmes parler de leur malchance dans leurs relations (et dans leur vie en général) comme s'il s'agissait de quelque chose qui arrive indépendamment. Elles se demandent pourquoi par exemple elles tombent toujours sur le même type d'homme ou bien elles affirment que si elles n'avaient pas à travailler pour un patron aussi fou, elles auraient du temps pour faire de la musculation et être en forme.

D'autres assument que les difficultés à répétition qu'elles rencontrent dans leurs relations viennent d'elles et elles pensent que cela est génétique, qu'elles n'ont aucune emprise dessus. Elles diront par exemple : "C'est plus fort que moi, il faut que je sois avec lui. Je suis comme ça." Ou bien "Je suis paresseuse. Aller faire du sport, c'est trop pour moi." C'est complètement faux.

Si vous pouvez simplement poser les mains sur un livre comme celui-là, vous pouvez bien laisser tomber votre cinéma, découvrir comment être vous-même et faire ce qu'il faut pour avoir des relations merveilleuses et satisfaisantes.

Il faut dire la vérité

Les femmes qui réussissent le mieux avec mon approche sont celles qui sont prêtes à dire la vérité. Elles avouent : "Oui, c'est bien moi qui fais cela !" lorsqu'elles reconnaissent qu'elles se lamentent ou se comportent de façon telle qu'elles n'obtiennent pas les résultats escomptés (être par exemple irrésistibles et avoir des relations fabuleuses avec les hommes). Elles ne s'en veulent pas, elles ne se jugent pas non plus. Elles remarquent simplement ce qui est et continuent d'avancer.

Les femmes irrésistibles acceptent aussi de ne pas avoir toujours raison et de ne pas défendre leur point de vue comme si elles le connaissaient déjà. Accepter de ne pas savoir, c'est permettre à la vérité et à l'apprentissage de mieux se développer. Pensez-y. Lorsque vous avez le courage de dire : "Je ne sais pas…" ou "Peut-être y a-t-il un autre moyen…", votre perspicacité s'en trouve agrandie et les possibilités sont plus larges. Je suis toujours méfiante lorsque j'entends des clients dirent : "Oui, oui, je le sais déjà" lorsque je leur donne un retour. Ce "Oui, oui, je le sais déjà" me dit qu'en fait, ils ne le savent pas déjà et ne veulent surtout pas avoir l'air idiot, surtout vis-à-vis d'eux-mêmes. Le fait est que ce qu'ils savent les a contrariés au départ. Une attitude ouverte, réceptive et qui ne repose pas sur la défensive permet des relations plus expansives et miraculeuses.

Il faut dire la vérité, à nous-mêmes, sur nous, pour mieux voir et résoudre ce qui nuit à nos relations. La vérité nous libère.

Faire preuve d'humour et s'amuser est fortement conseillé

Vous avez en ce moment précis une carte pour éclairer votre irrésistibilité. Dans le verbe "éclairer", on trouve l'idée de lumière. Faire preuve d'humour sur vous-même et vos erreurs passées va non seulement accélérer vos résultats mais aussi entretenir votre âme et vous faire prendre de bons fous rires en cours de route.

Il faut une bonne dose d'humilité et de gaîté pour voir en vous ce que vous pouvez considérer comme stupide ou embarrassant. Soyez gentille avec vous-même et reconnaissez qu'il n'y a pas sur terre une femme qui ne se dise pas : "À quoi je pouvais bien penser ?" lorsqu'il s'agit d'amour et de relations.

Soyez irrésistible : action !

Citez au moins trois exemples qui montrent que vous êtes déjà irrésistible. Citez trois points au moins qui vous plaisent chez vous.

Réfléchissez au nombre de fois où vous dites à voix haute ou bien dans votre tête : "Je le sais déjà." Est-ce que cela vous fait sourire et pouvez-vous recentrer votre attention sur l'écoute ou le simple regard sur les choses comme si c'était la première fois ? Êtes-vous prête à cette neutralité-là ?

Se détendre, se dorloter. La plupart d'entre nous nous prenons trop au sérieux (et nos vies aussi). Ce contrôle complètement inutile tue réellement notre irrésistibilité et notre bien-être. Faites cet exercice pour vous : la prochaine fois que vous devenez trop sérieuse, scrutez votre corps. Est-ce que vous contractez votre visage ou vos épaules ? Notez ce que vous ressentez. Cela vous amuse ? Vous appréciez l'expérience ?

Chapitre 2

Les cinq vérités que toute femme irrésistible a besoin de connaître

Une personne n'a pas besoin d'être derrière des barreaux pour être prisonnière. Les gens peuvent être prisonniers de leurs propres concepts et de leurs idées. Ils peuvent être esclaves d'eux-mêmes.

Prem Rawat, conférencier et militant pour la paix.

Vous êtes sur le point d'apprendre cinq vérités qui vont vous libérer de 99 % des drames et frustrations que vous avez connus jusque-là dans vos relations et du sentiment d'insécurité qui a traversé votre vie jusqu'à aujourd'hui. Si vous les acceptez, elles vous empêcheront de connaître à nouveau ce genre d'expérience.

Comme nous l'avons vu au chapitre 1, beaucoup d'entre nous agissons sur de mauvaises bases. Nous avons été culturellement mal informées sur ce qui est nécessaire à l'établissement et au maintien de relations enrichissantes et, jusqu'à présent, sur ce que signifie réellement être irrésistible tant pour nous-mêmes que pour les autres. Lorsque vous agissez sur de mauvaises bases, vous vous trompez. Vous allez dans la mauvaise direction et il est impossible de trouver ce que vous cherchez puisque vous êtes au mauvais endroit.

Par exemple, si je vous dis de cuire un gâteau et que je vous donne la recette du pain de viande, serez-vous surprise si votre gâteau a le goût du pain de viande ? Certainement pas. Si j'insiste pour vous dire que vous avez la bonne recette de gâteau et que je vous demande de continuer à essayer, finirez-vous par cuire un gâteau au lieu d'un pain de viande ? Non. Lorsque vous faites quelque chose en utilisant de mauvais renseignements, vous continuez à obtenir les mauvais résultats. Ça n'est pas différent lorsqu'il s'agit des hommes et des relations.

La plupart d'entre nous agissons sur de mauvaises informations, il est donc impossible de connaître des relations affectueuses et satisfaisantes telles que nous le désirons. Mais comme vous êtes sur le point de le découvrir, lorsque vous avez la bonne recette en main, cela devient facile d'avoir le gâteau qui convient et de le manger aussi.

Vérité n°1 : Une relation ne vous sauvera pas

Pour que j'attende quelqu'un d'autre ou que j'attende que quelqu'un change ma vie pour qu'elle devienne plus riche ou plus remplie ou plus satisfaisante, mettez-moi dans un état constant d'incertitude.

Kathleen Tierney Andrews, auteur.

Beaucoup de femmes, y compris moi-même, ont fait l'erreur de croire qu'elles ont besoin d'un homme ou d'une relation pour se sentir satisfaites, intactes, moins seules, émotionnellement et/ou financièrement en sécurité, et, d'une façon générale, heureuses dans leur vie, et ça n'a rien d'étonnant. Notre culture nous conditionne pour nous faire croire que nous sommes quelque part incomplètes ou qu'il nous manque notre autre moitié jusqu'à ce que nous soyons mariées ou engagées dans une relation. C'est ce que j'appelle le syndrome de Jerry McGuire : "Tu es ma moitié." Vous avez vu le film ? Il raconte l'histoire de Renée Zellweger et de Tom Cruise qui tombent amoureux l'un de l'autre et se déclarent en se regardant dans les yeux : "Tu es ma moitié" (les yeux brillant de larmes et en jouant sur la corde sensible).

Certes, c'est ravissant et divertissant au cinéma, mais dans la vie réelle, cette mentalité fait des ravages chez les femmes (et les hommes) en bousculant leur bien-être émotionnel et leur capacité à avoir une relation qui marche. Partir de l'idée qu'une relation (ou toute autre chose) va quelque part vous compléter, vous sauver ou rendre votre vie tout à coup magique est le moyen infaillible pour vous sentir malheureuse et abandonnée.

L'ironie de la chose, c'est que l'inverse est vrai. Ce que vous devez vraiment comprendre, c'est que rien en dehors de vous ne peut jamais produire un sentiment d'exhaustivité, de sécurité ou de réussite qui dure. Aucun homme, aucune relation, aucun emploi, aucune somme d'argent, aucune maison, aucune voiture ou quoi que ce soit d'autre ne peut produire un sentiment durable de bonheur, de satisfaction, de sécurité et d'épanouissement.

Certaines femmes se sentent déconcertées par le mot "sauver". Dans ce contexte, cela se réfère à l'idée fausse selon laquelle une relation vous débarrassera de vos sentiments de vide, de solitude, d'insécurité ou de peur qui sont inhérents à tout être humain ; que trouver quelqu'un qui reste avec vous va, d'une manière ou d'une autre, vous "sauver" de vous-même. Nous devons toutes nous réveiller et reconnaître que ces sentiments font partie naturellement de l'expérience humaine. Ils ne sont pas significatifs. Ils confirment simplement le fait que nous sommes vivantes et que nous avons un pouls. La vraie question est de savoir en quoi vous allez investir : votre insécurité ou votre irrésistibilité ? C'est à vous de choisir.

Une fois que vous avez bien intégré que vous êtes entière et que tout va bien, c'est comme donner une chiquenaude à un interrupteur qui va vous rendre plus séduisante, authentique et détendue dans n'importe quel rendez-vous, instantanément. Toutes ces ambiances désespérées, sinistrées et collantes qui rendent les hommes fous vont disparaître parce que vous n'essayez plus d'utiliser la relation pour vous établir. Le fait est que vous êtes tout à fait capable de connaître le bonheur, la satisfaction et l'épanouissement dès maintenant. Tout ce que vous avez à faire, c'est commencer à vivre votre vie comme vous la voulez. Aimez-vous. Aimez ce que vous faites à chaque instant, cela fait toute la différence. Parce que c'est vrai.

Cela signifie arrêter de différer vos rêves, d'attendre, ou de remettre à plus tard ce dont vous avez envie parce que, quelque part en vous, vous espérez que le Prince Charmant viendra pour tout arranger. Vous savez de quoi je parle. Il s'agit de la tendance à vous retenir d'investir dans votre carrière, votre santé, votre maison, vos finances ou votre famille parce que vous êtes célibataire et que vous imaginez que tout cela sera géré lorsque vous aurez décroché "le bon". Psst. J'ai un secret à vous confier : rester en arrière dans votre vie, c'est ce qui va le tenir éloigné de vous.

N'attendez pas de trouver quelqu'un. Vous êtes quelqu'un.

Lorsque vous vivez chaque jour avec enthousiasme, comme si le moment présent était tout ce que vous aviez, il se passe une drôle de chose. Vous commencez à vous sentir heureuse, satisfaite, en sécurité et épanouie pratiquement tout le temps. Au lieu de subir le mouvement et d'attendre secrètement que les choses s'arrangent une fois que vous aurez rencontré Monsieur Lebon, vous commencez à vivre votre vie avec intensité. Et, en agissant ainsi, vous réveillez cette irrésistible jolie fille en vous qui meurt d'envie de prendre les choses en main. Lorsque vous comptabilisez votre vie à 100 % (chaque élément qui la compose a une valeur mathématique), le bonheur, la satisfaction et l'irrésistibilité (ding, ding, ding) sont des sous-produits naturels. Nous verrons exactement ce que cela signifie de vivre chaque jour avec enthousiasme au chapitre 10 et pour quelle raison c'est l'attrait principal. Mais pour l'instant, sachez simplement que malgré ce que l'on croit, une relation ne vous rendra pas plus heureuse, plus épanouie, plus satisfaite, financièrement plus en sécurité ou plus stable émotionnellement que vous ne l'êtes maintenant.

Vérité n°2 : Les relations sont des opportunités spirituelles et non un échange absolument nécessaire

La relation est l'un des outils les plus puissants qui soit pour grandir.
Shakti Gawain, auteur et enseignant spirituel.

Beaucoup ont une idée fausse sur l'objectif d'une relation, qui serait quelque part de réaliser leurs besoins et envies. Nous voyons ce que nous pouvons tirer d'une relation au lieu de voir ce que nous pouvons y mettre. Considérées ainsi, les relations sont souvent un peu plus qu'un échange absolument nécessaire. Nous avons besoin de sécurité, d'amour, d'intimité. Un homme a besoin de sécurité, d'une compagne et de sexe. Lorsque nous rencontrons un bon numéro, les deux parties se mettent tacitement d'accord et appellent cela de l'amour. Ce modèle de transaction explique pourquoi tant de relations se sentent vides et mortes. Elles sont complètement dépourvues de réalité et d'intimité. Une fois la première excitation passée, il ne reste plus qu'un contrat d'affaires en lieu et place d'une union sacrée.

Soyons réalistes. Nous avons toutes été conditionnées pour utiliser les relations pour de mauvaises raisons : mettre fin à la solitude, soulager une dépression, se remettre d'une rupture précédente ou trouver la sécurité. Le problème, c'est que les relations ne sont pas faites pour ça.

Les relations sont une opportunité spirituelle pour grandir. Il n'y a pas plus grande arène pour découvrir votre capacité à aimer, à pardonner, à faire preuve de compassion, à grandir et à vous exprimer. Vous ne trouverez nulle part ailleurs ce qui fait de vous celle que vous êtes. Nulle part ailleurs vous ne pourrez vous confronter à vos propres limites dans l'intimité. Nulle part ailleurs vous ne pourrez pardonner ou aimer.

C'est le véritable objectif de la relation : servir le développement mutuel et l'expression de chacun. C'est une chance de partager votre enthousiasme d'être vivant et de donner de vous à l'autre. Les relations offrent l'opportunité de répandre de la lumière sur tout ce qui reste enfermé en soi dans la peur et l'incertitude, d'avoir une vision de la valeur de l'autre pour qu'il puisse pleinement s'exprimer. C'est de cette façon-là que la relation devient l'outil final pour se connaître soi-même et grandir.

Lorsque nous nous engageons dans une relation pour voir ce que nous pouvons y mettre au lieu de voir ce que nous pouvons en retirer, toute notre vie s'en trouve transformée. Nous ne voyons plus notre partenaire comme un adversaire. Nous le voyons plutôt comme un professeur et un allié qui est là pour nous aider à découvrir et à connaître notre beauté intérieure.

Est-ce que cela signifie que vous devez rester dans une relation abusive, malsaine ou sans issue parce que vous venez de découvrir que les relations sont des opportunités pour pouvoir aller plus loin et trouver ailleurs un sens plus grand ? Oh non. Souvenez-vous, il s'agit de développement mutuel et d'expression des sentiments.

Vérité n°3 : La vie, c'est maintenant - Un point c'est tout

Il y a deux façons seulement de vivre sa vie. L'une est de se dire que rien n'est miraculeux, l'autre est de se dire que tout est miraculeux.
Albert Einstein.

Cela fait plusieurs années que je me suis dit un jour que je n'aimais pas ma façon de vivre ma vie. Rien pourtant n'allait vraiment mal. J'avais un emploi stable, des amis, un petit ami tout à fait charmant et assez d'argent pour payer mon loyer, m'acheter ce qui me plaisait et profiter de ma vie à New York. Mais il y avait ce sentiment permanent et tenace en moi, je me disais : "Je devrais aller beaucoup plus loin que cela."

À ce moment-là, je venais juste de commencer à apprendre à vivre dans l'instant. Je répétais souvent une phrase que j'avais lue dans l'ouvrage de Deepak Chopra, *The Seven Spiritual Laws of Success*, qui disait : "Le passé, c'est de l'histoire, l'avenir est un mystère et le moment présent est un cadeau. C'est la raison pour laquelle on l'appelle présent." Mais ça n'est que plusieurs années après que j'ai compris la véritable signification de l'expression. Cela m'a pris du temps pour comprendre que ce moment présent – là, maintenant – *est* tout simplement.

Pendant toutes ces années, j'avais passé ma vie comme s'il ne l'était pas.

Mon emploi n'était pas idéal. C'était simplement un travail alimentaire pour payer mes factures, je pouvais donc espérer beaucoup mieux. Pas besoin de rester tard ou de faire un effort supplémentaire. Ma relation n'était pas non plus ce qu'il y avait de mieux. Il était un placement pratique jusqu'à ce que Monsieur Lebon se présente. Nul besoin de m'abandonner à lui et de partager complètement mon cœur. Mon appartement n'était pas vraiment au top. Après tout, j'étais en location. Nul besoin de décorer ou de m'installer comme si j'étais vraiment chez moi.

Cette mentalité "rien n'est vraiment super" venait même polluer les petites choses de ma vie quotidienne : par exemple, aux mariages ou lors d'événements particuliers, j'avais souvent l'impression d'être assise à la mauvaise table. Dans les boîtes de nuit, j'avais souvent l'impression d'avoir fait le mauvais choix. Je me disais : "Ça n'est pas ce qu'il y a de mieux. Cet autre club est vraiment l'endroit où l'on s'amuse." Au restaurant, je pensais : "Ça n'est pas ce que je voulais. J'aurais dû commander comme elle."

Pendant longtemps, je n'ai pas réussi à réaliser ceci : ce qui est dans l'instant présent est en fait tout ce que vous avez à vous. Ce moment-là existe. Au lieu de m'investir vraiment et de m'engager dans ma vie exactement telle qu'elle était, je pensais la plupart du temps à me plaindre, à prévoir, à combiner, à espérer et à souhaiter que les choses changent un jour. Je gardais les journaux, je faisais des affirmations, je planifiais des objectifs pour que les choses aillent mieux dans un avenir proche. Voici le point essentiel que j'ai manqué : par inadvertance, je m'entraînais à vivre une vie médiocre.

La vie, c'est *maintenant*. Elle ne peut être que *maintenant*, dans l'instant.

Que vous le vouliez ou non, c'est comme ça. Ce que vous avez dans votre vie à l'instant présent : votre travail, vos amis, votre famille, votre maison, la voiture que vous conduisez (ou ne conduisez pas), le repas que vous choisissez, votre ami, tous existent là, maintenant. Cela ne veut pas dire toutefois que les choses ne changeront pas. Tout change. La vie est changement. Mais si vous approchez votre vie telle qu'elle est, tout le temps, vous connaîtrez un changement dans votre réalité. Vous serez plus détendue, plus présente, et inexplicablement, plus irrésistible. L'excellence se manifestera dans votre vie sans effort.

Eh, vous ! Oui, vous, la belle fille qui est en train de lire ce livre. Notez cette phrase sur un carnet et portez-le avec vous tout le temps :

L'attitude consistant à se dire "c'est comme ça, point" = irrésistibilité écrasante.

Les femmes qui vivent chaque instant, comme celui-ci, sont naturellement et authentiquement plus irrésistibles que celles qui ne le font pas. Au lieu de se plaindre, de résister, de gémir, de se retenir, elles sont complètement engagées, vivantes et décidées à gagner dans tous les domaines de leur vie.

Ce qui se ressemble s'assemble. Vous avez beaucoup plus de chances d'attirer un homme dynamique et énergique qui prend la vie telle qu'elle est en étant vous-même une femme dynamique et énergique qui prend la vie telle qu'elle est.

Défi

Il est très facile d'expérimenter ce "c'est comme ça, point" pour vous-même. C'est comme donner une chiquenaude à un interrupteur qui va déclencher la lumière de votre irrésistibilité et illuminer tout ce que vous touchez. Investissez complètement dans chaque instant, tel qu'il est maintenant. Souvenez-vous que chaque chose est telle qu'elle devrait être. Vous êtes une parfaite version de vous-même en ce moment.

Voici cinq façons amusantes d'expérimenter cette attitude :

1. Lorsque vous passez une commande au restaurant, n'essayez pas d'anticiper votre choix. Ayez confiance quel que soit le plat que vous choisissez, il sera parfait pour vous. C'est tout.

2. Au travail, au lieu de perdre du temps à rêvasser, à vous plaindre ou à espérer être ailleurs, faites parfaitement ce qui doit être fait. C'est tout.

3. Quand vous avez un rendez-vous, laissez de côté vos jugements et vos critiques sur la personne qui est assise en face de vous. Soyez simplement présente, profitez-en et notez ce que vous ressentez d'être avec cette personne. C'est tout.

4. À la maison, faites attention lorsque vous nettoyez, décorez et rangez. Faites votre lit avec soin. Accrochez les photos en faisant attention. Sortez les jolies serviettes. C'est tout.

5. Habillez-vous, maquillez-vous et coiffez-vous. Prenez votre temps et faites attention aux détails. C'est tout.

Voici le meilleur : en mettant cette attitude en pratique, vous commencerez à remarquer des changements spectaculaires et stupéfiants dans tous les autres domaines de votre vie aussi. Sans essayer de l'améliorer, vous trouverez votre travail plus facile et amusant parce que vous ne voudrez plus être ailleurs. Votre maison aura l'air d'un véritable foyer parce que vous serez plus investie.

Vous vous sentirez moins stressée et anxieuse pendant la journée, vous serez plus vivante et énergique.

Cela donnera aussi un impact énorme sur votre apparence, votre valeur et vos relations avec vos amis et votre famille. Pas mal pour un petit concept, non ?

Vérité n°4 : Les hommes sont des marchandises, ou tu les aimes ou tu les quittes, ma belle !

Si la chaussure ne va pas, devons-nous changer le pied ?
Gloria Steinem.

N'avez-vous jamais eu une relation avec un homme et pensé : "Il serait parfait s'il était simplement plus affectueux, moins autoritaire, plus communicatif, moins égocentrique, plus jeune, plus vieux, plus riche, plus A, moins B… ?" Il y a des chances pour que cela vous soit déjà passé par la tête. Ce genre de pensée à vouloir tout arranger est endémique dans notre société et joue un grand rôle dans beaucoup de relations malheureuses. Cela peut aussi être une mentalité qui fait que vous restez célibataire.

Psst. Voici un autre secret : les hommes ne veulent pas être changés ou améliorés.

Pensez-y. Vous sentiriez-vous attirée par un homme qui essaierait constamment de vous changer ou de vous améliorer ? Quelqu'un qui vous dirait de perdre un peu de poids ? Quelqu'un qui vous demanderait de moins bavarder, de faire plus la cuisine et le ménage ? Je ne pense pas. N'essayez plus de le rendre différent si vous voulez être irrésistible. En fait, beaucoup de notre

"J'aimerais qu'il soit différent" le fait rester exactement tel qu'il est (souvenez-vous, ce à quoi nous nous opposons résiste).

J'ai une autre question pour vous. Êtes-vous jamais allée dans le service "tel quel" chez IKEA ? C'est une grande pièce remplie de meubles : des petites chaises, des grandes tables, des canapés, des jeux, des lampes et un assortiment d'oreillers remplissent tout l'espace. Certaines pièces sont comme neuves, d'autres semblent avoir un peu vécu et réclament un peu de soins. Tout est à vendre à condition que vous le trouviez, au prix indiqué.

Lorsque vous visitez cet endroit, vous regardez ce qui est disponible et vous décidez si vous le voulez ou non. Évidemment, vous pouvez perdre du temps à réfléchir et à vous dire que vous aimeriez que telle chose soit différente…

Si cette chaise était jaune, ce serait parfait.

Si ce canapé était un peu plus large, ce serait bien pour moi.

Si cette table était plus sombre, ce serait l'idéal pour ma cuisine.

Mais en fin de compte, vous devez regarder ce qui est et voir si oui ou non cela vous convient, tout de suite. Si ça vous convient, vous prenez. Sinon, vous continuez. Vous savez quoi ? Les hommes ne sont pas différents. L'une des plus grosses erreurs que les femmes font est d'essayer de changer ou d'améliorer un homme pour faire de lui quelqu'un qu'il n'est pas. Cela inclut d'essayer de changer ce qu'il ressent pour vous. Répétons cela ensemble : vous ne pouvez pas changer ce que ressent un homme ni son comportement.

Ne me faites pas dire ce que je n'ai pas dit. Je ne dis pas que les hommes ne changent pas ou ne peuvent pas changer. Les gens transforment leur vie tout le temps. *Toutefois*, ça n'est pas à vous de changer ou d'améliorer quelqu'un, spécialement votre conjoint. S'il veut changer ou ajuster certaines choses, il doit le faire tout seul.

C'est tout. Chaque être humain est une expression unique et parfaite de celui qu'il est au moment présent. Les gens peuvent être différents de ce qu'ils sont maintenant (vous aussi). En tant que femme irrésistible, votre travail est d'être simplement là et de dire la vérité sur ce qui marche pour vous et ce qui ne marche pas. Débrouillez-vous seule et rencontrez la vie lorsqu'elle se manifeste et non pas comme vous le voulez, vous.

Si quelque chose ne vous plaît pas chez l'homme avec lequel vous sortez, vous avez deux choix :

- Communiquez de façon directe mais en faisant preuve de compassion pour expliquer ce qui ne vous convient pas et voyez ce qu'il en dit.
- Ou continuez votre chemin, il n'est pas fait pour vous. La communication est essentielle dans toute relation saine. Cependant, il y a une grosse différence entre dire ce qui marche pour vous et ce qui ne marche pas et essayer d'améliorer ou de changer quelqu'un.

Lorsque quelque chose ne vous convient pas dans la relation, dites-le-lui. Dites-lui ce que vous ressentez et expliquez clairement que vous ne lui reprochez pas ce que vous ressentez. Évoquez des solutions ou expliquez ce qui vous convient et *écoutez* sa réponse. Il est peut-être complètement inconscient de ce qu'il fait et qui vous ennuie et sera heureux d'ajuster son comportement pour soutenir l'équilibre de votre relation. D'un autre côté, il peut dire aussi : "C'est moi, mon cœur, c'est à prendre ou à laisser !"

Quelle que soit la situation, ne lui reprochez pas ce que vous ressentez comme s'il en était la cause (parce que c'est faux). Le rendre responsable de vos sentiments le mettra automatiquement sur la défensive et il ne vous écoutera pas. La communication entre vous sera coupée et vous vous sentirez tous les deux bouleversés et frustrés. Si vous affirmez ne pas lui en vouloir pour ce que vous ressentez alors que vous lui en voulez secrètement, il ressentira votre mauvaise foi et se défendra bec et ongles. Vous perdrez votre crédibilité et deviendrez tout de suite déplaisante. Il rejettera tout ce que vous avez à dire de juste et de valable.

Rien de ce qui est en dehors de vous ne peut vous faire ressentir quelque chose. Ces émotions (la colère, la frustration, le chagrin) vivent en vous. Vous voulez des preuves ? N'éprouvez-vous pas plus de plaisir à conduire lorsque vous laissez passer aimablement quelqu'un qui veut se rabattre dans votre file ? Vous vous souvenez sûrement d'une époque où, lorsque quelqu'un se rabattait devant vous, vous klaxonniez, vous vous mettiez à hurler et vous agissiez comme si vous étiez l'incarnation même de l'agressivité au volant ? À ce moment-là, vous deviez déjà être contrariée. Vous aviez de la colère et de la frustration en vous, à fleur de peau. L'événement lui-même ne provoque pas votre colère, c'est simplement le déclic qui justifie ce qui se passe déjà en vous et qui attend de sortir. Lorsque vous en voulez aux autres pour ce que vous ressentez, vous vous déresponsabilisez. Vous agissez dans la confusion et vous vous faites la victime de ceux qui sont autour de vous.

Communiquez comme la femme brillante et irrésistible que vous êtes. Abstenez-vous de le montrer du doigt ou de prouver que vous avez raison en faisant la liste de toutes les façons dont il vous a fait du tort. Regardez bien où se trouve la vérité dans la situation. Le désaccord est peut-être facilement réparable ? Vous pouvez peut-être aussi cesser de vouloir avoir raison là où il se trompe et avancer. Et puis, et puis, c'est peut-être une excellente opportunité de rompre cette relation insatisfaisante et sans perspective.

Lorsqu'une relation n'est pas satisfaisante, cela ne veut pas dire qu'il y a quelque chose qui ne tourne pas rond chez l'un ou l'autre des deux partenaires. Cela veut simplement dire que vous n'êtes pas fait l'un pour l'autre. C'est aussi simple que cela.

Au niveau spirituel, c'est égoïste de s'accrocher à quelque chose qui ne fonctionne pas. Vous lui prenez du temps (et à vous aussi) qui pourrait être consacré à une autre expérience, plus harmonieuse.

Pour conclure, rappelons que les hommes ne veulent pas être changés ou s'améliorer. Autorisez-vous tous les deux à être vous-même. Soyez honnête et franche dans vos rapports, mais n'essayez pas de changer, d'améliorer ou de transformer votre partenaire pour qu'il soit quelqu'un qui ne lui ressemble pas.

Vérité n°5 : Si vous voulez des garanties d'amour, alors ça n'est pas de l'amour que vous voulez

Pour votre tranquillité d'esprit, démissionnez de votre poste de directeur général de l'univers.
Larry Eisenberg, auteur.

Être authentiquement irrésistible signifie renoncer au fait qu'il n'existe pas de garantie dans la vie ou dans la relation d'amour. La vie est faite de changements. Les fleurs s'épanouissent, meurent puis fleurissent de nouveau. Le temps ne se repose pas. Le soleil se lève et se couche tous les jours. Les marées montent et baissent. Les saisons changent. Rien n'est permanent. C'est la nature même de notre univers de toujours se développer, de changer et de grandir.

Attendre des garanties en amour est complètement irréaliste. Quelqu'un qui promet ou garantit qu'il va vous aimer pour toujours se met une pression énorme et irréaliste (tout autant qu'à vous) pour faire quelque chose que nous sommes tous incapables de faire, c'est-à-dire rester tels que nous sommes. Pour profiter pleinement de la majesté, de l'aventure et de l'extase du véritable amour, nous devons accepter l'idée qu'il n'est pas garanti.

La vie ne peut pas avoir de garanties. Nous ne savons jamais ce qui nous attend. Tout ce que nous pouvons faire, c'est rencontrer notre vie en direct, instant par instant et être vraies. C'est dans cette situation d'inconnu – dans le royaume des possibilités – que repose notre authentique charme irrésistible. C'est aussi l'espace sacré de l'amour pur et authentique, et non la pseudo-version d'échange que nous voulons tous si désespérément avoir et garder.

Lorsque vous renoncez à essayer de contrôler l'autre, vous vous libérez vous-même de l'illusion de la séparation et de la fausse idée selon laquelle vous êtes quelque part incomplète. L'ironie de la chose, c'est que lorsque vous cessez d'essayer de contrôler l'amour, vous créez l'espace dans lequel il peut vivre et s'épanouir. Curieusement, vous vous sentirez plus sûre de vous et entière que vous ne pourriez l'imaginer.

La vie des hommes est faite de développement et d'évolution. Il en est exactement de même pour les relations.

Au lieu de chercher à vous accrocher ou à vous assurer que quelqu'un vous aimera, montrez tous les jours que vous avez envie que l'on vous aime. Soyez vraie, communiquez avec lui et aidez-le à devenir l'homme qu'il veut être.

Regardez-vous dans la glace. Qui êtes-vous aujourd'hui ? Découvrez-vous à nouveau. Ne croyez pas que vous êtes la même que la semaine dernière ou l'année dernière. Ne vous limitez pas avec votre histoire. Regardez votre partenaire avec un nouveau regard chaque jour aussi. Qui est cette personne ? Redécouvrez-le. Ne croyez pas qu'il est le même que celui avec lequel vous étiez la semaine dernière ou l'année dernière. Ne l'emprisonnez pas avec vos jugements ou son histoire. Vous ne pouvez pas contrôler la manière d'être de votre partenaire. Cependant, ce que vous pouvez contrôler, c'est votre façon d'être avec lui dans votre relation. Au lieu de répéter toujours et encore le schéma des bons vieux jours, luttons tous pour recréer, être ouverts à la nouveauté à chaque instant et donner à notre relation une chance de respirer.

Mettre tous ses efforts à souder une relation est le signe classique qu'elle est en train de s'effiler. Ne prétendez pas que tout va bien lorsque ça n'est pas vrai ou ne dissimulez pas les problèmes pour sauver les apparences. Acceptez les défis et dites la vérité. Chaque soi-disant problème est pour vous une opportunité dissimulée d'augmenter et d'exprimer de nouveaux aspects de votre charme irrésistible.

Défi

Quels sont les domaines de votre vie que vous avez inconsciemment mis de côté ? Quelles actions pouvez-vous entreprendre dès maintenant pour les développer ?

Par exemple, si vous n'avez rien fait pour vos finances, vous pouvez vous acheter un livre sur les finances personnelles ou prendre un rendez-vous avec un conseiller financier pour commencer. Si vous vous êtes laissée aller ces derniers temps, courez ou faites du yoga.

Questions à vous poser

1. Croyez-vous que vous avez besoin d'un compagnon pour vous sentir complète ? Dans quelle mesure votre vie serait-elle différente si vous n'aviez pas cette pensée ?

2. Êtes-vous prête à sortir du modèle de relation basé sur l'idée de transaction pour construire un modèle plus riche et dynamique, qui prend ses racines dans la compassion et l'aide mutuelle afin de grandir ?

Chapitre 3

Les sept habitudes propres aux femmes peu séduisantes - Les obstacles qui empêchent les hommes d'avoir envie de vous

Le meilleur moyen de casser une mauvaise habitude, c'est de la laisser tomber.
Leo Aikman, écrivain et éditeur.

On pourrait aussi intituler ce chapitre : "Ce qui repousse définitivement les hommes". Il s'agit des comportements qui rendent les hommes complètement dingues. La plupart de ces habitudes (à quelques exceptions près) font partie en fait de ces parasites qui vous compliquent la vie et vous font croire qu'avoir une relation avec quelqu'un va vous sauver ou vous aider à être vous-même.

Souvenez-vous, une relation ne peut pas vous aider à être vous-même ou apporter du bonheur dans votre vie que vous n'avez pas déjà maintenant. Évidemment, vous pouvez connaître d'intenses moments de bonheur et vous sentir en parfaite harmonie avec votre compagnon, mais cela ne vient pas de la relation elle-même. Ne vous découragez pas si vous avez une ou plusieurs de ces habitudes. Souvenez-vous, la conscience (vous notez tout ce qui se passe sans porter le moindre jugement) est tout ce dont vous avez besoin pour abandonner ces travers.

Habitude n°1 peu séduisante : Être demandeuse

Quand avez-vous entendu pour la dernière fois un homme vous dire : "Tu sais quoi ? J'ai rencontré hier soir cette terrible pépée qui est toujours en demande de quelque chose !" Il y a des chances pour que ça ne soit jamais arrivé. C'est tout simplement parce que être dans la demande est tout ce qui peut repousser un homme. Si vous pensez que vous n'êtes pas complètement vous-même et que vous cherchiez une relation pour résoudre vos problèmes, c'est cela se montrer en demande. Les hommes vont se heurter à ce manque-là et cela va effectivement les dégoûter.

Voici quelques comportements classiques qui illustrent cette attitude de demande :

* des e-mails ou des appels téléphoniques obsédants (surtout pour vérifier qu'il va bien) ;
* vérification constante de vos e-mails ou de votre répondeur ;
* dire à un homme que vous avez besoin de lui pour vous sentir heureuse ;
* dire inexorablement : "Tu me manques" ;
* poser des questions dominatrices pour savoir exactement où il est et ce qu'il fait vingt-quatre heures sur vingt-quatre ;
* faire des caprices, rester muette ou faire des réflexions, lorsque vous n'avez pas toute son attention ;
* avoir le besoin constant et insatiable d'avoir son approbation sur votre allure et sur ce que vous faites.

Se sentir dans le besoin vient d'un sentiment de désespoir et c'est un problème majeur. Cette habitude dépasse le comportement et elle se diffuse comme les ondes radio. Donc, même si vous vous empêchez de passer ces coups de fil obsessionnels ou de vérifier vos e-mails de façon compulsive et que vous prétendiez que tout va bien, il sentira bien votre énergie désespérée et il s'éloignera.

Ce qui est très important aussi à noter, c'est que ce besoin incessant met une énorme pression sur l'homme qui partage votre vie. Il sentira une exigence constante à satisfaire, à être parfait, et/ou à faire coïncider votre idéal avec lui. S'il fait une "erreur", non seulement il devra en gérer les conséquences, mais il se sentira également responsable de votre bonheur.

Lorsque vous avez cette idée fausse que vous avez besoin de lui pour être heureuse, vous abandonnez tout votre pouvoir. Votre bien-être est à la merci constante de l'autre. Vous rendez les armes et une femme impuissante, ma chère, c'est tout *sauf* irrésistible.

Habitude n°2 peu séduisante : Avoir un sentiment incessant d'insécurité

"Est-ce que je fais grosse dans ce vêtement ?"

"Tu m'aimes toujours ?"

"Tu penses qu'elle est plus jolie que moi ?"

"Est-ce que je suis suffisamment séduisante pour toi ?"

Le sentiment incessant d'insécurité rend les hommes fous et nourrit l'illusion de votre ego qu'il vous manque quelque chose et que vous êtes "moins que". Lorsque vous nourrissez vos pensées d'insécurité, c'est comme si vous étiez un puits sans fond qui ne peut jamais être rempli, peu importe l'assurance que vous pouvez recevoir. C'est parce que l'idée que vous avez d'être "moins que" est tout à fait fausse. C'est une illusion. Une illusion ne peut jamais être guérie parce qu'elle n'est pas vraie au départ.

Le sentiment d'insécurité et le doute de soi font partie de la nature humaine et ils ne pourront jamais disparaître complètement. Soyez convaincue que, de temps à autre, chacun de nous sur Terre sent des pincements au cœur de ne pas être "assez bon". Pour être irrésistible, il ne faut pas se permettre d'avoir ces pensées-là ou les nourrir. Mais ne cherchez pas non plus à leur résister ! Autorisez-vous simplement à les remarquer, à les observer et à vous dire : "Hmm, intéressant" ou encore mieux : "Et voilà, j'ai encore ce sentiment-là ! et alors ?" pour rediriger votre attention sur autre chose. Lorsque vous avez un sentiment d'insécurité, autorisez-vous simplement à ne pas le prendre en considération comme les nuages qui flottent dans le ciel.

Ne pas nourrir de sentiment d'insécurité est un savoir-faire à acquérir et un devoir absolu si vous voulez être irrésistible. Vous pouvez investir dans le doute ou bien dans votre charme irrésistible. Je vous suggère cette seconde possibilité.

Je vous donne un truc : si vous pensez que vous avez l'air grosse dans tel vêtement, c'est probablement vrai. Je sais que cela peut sembler dur, mais c'est la réalité. Tous les vêtements ne sont pas conçus pour tous les corps. Choisissez des vêtements que vous savez être superbes sur vous et qui montrent vos atouts. Examinez votre garde-robe avec une amie de confiance et faites une mise au point de façon à écarter les vêtements sur lesquels vous avez des doutes.

Autre point important : peu importe que vous deveniez mince, que vous ayez du succès ou que vous soyez séduisante, le sentiment d'insécurité ne disparaît pas. C'est tout simplement parce que vous ne pouvez jamais guérir un faux sentiment intérieur avec une réalité extérieure. C'est comme si vous traitiez un symptôme au lieu de guérir la maladie. Pour soigner cette insécurité, autorisez-vous à vous sentir en insécurité lorsque cela vous arrive (en d'autres termes, ne résistez pas). Mais ne vous appesantissez pas non plus sur elle. Détournez plutôt votre attention sur ce qui se passe autour de vous. Cela peut vouloir dire écouter une conversation ou organiser votre bureau. Là où se dirige votre attention, l'énergie va circuler. Si vous remarquez simplement ces sentiments d'insécurité sans les prendre personnellement en considération ou leur trouver une signification spécifique, vous noterez qu'ils se produisent moins souvent. Vous renforcerez aussi votre capacité à être présente et engagée dans votre vie, ce qui va vous permettre de déclencher votre charme irrésistible.

Pour être honnête, la plupart de nos pensées sont une pure cacophonie. Rien n'a de sens hormis celui que nous donnons. Avec de l'entraînement, nous pouvons nous habituer à ne pas prendre nos pensées au sérieux, surtout celles qui ne sont pas pleines de vie. Lorsqu'elles apparaissent, pensez simplement : "Merci d'être passées" et continuez votre vie.

Habitude n°3 peu séduisante : Parler pour ne rien dire

Les femmes font souvent des erreurs de communication qui sapent leur charme irrésistible et font fuir les hommes plus sûrement que si vous dites : "Mariage et enfants".

D'abord, la plupart d'entre nous n'écoutons pas vraiment. Nous jugeons en fait si nous aimons ou non ce que nous dit notre compagnon, nous décidons si nous sommes d'accord ou non ou nous déterminons si nous savons déjà ce qu'il nous dit. Nous écoutons aussi pour voir si ce qu'il dit correspond à notre programme (comme avoir un fiancé, se marier ou avoir des enfants). Ça n'est pas vraiment écouter.

Écouter vraiment, c'est lorsque vous laissez tomber ces réflexions qui vous viennent à l'esprit et écoutez simplement ce que vous dit votre compagnon d'après son propre point de vue, comme si ce qu'il disait était la chose la plus importante au monde et que vous aviez besoin d'écouter chaque mot qu'il prononce. Vous n'interprétez pas, vous n'analysez pas ni ne lui faites pas dire ce que vous voulez. Ne dites pas : "En d'autres termes…" et ne continuez pas en formulant ce que vous pensez qu'il veut dire. Enregistrez, un point c'est tout.

Lorsque vous écoutez vraiment, vous devenez instantanément attirante. En écoutant réellement un homme, vous le faites se sentir spécial et pris en charge. S'il y a une alchimie authentique entre vous, il continuera à partager de plus en plus de lui-même (et non ce que vous voulez qu'il soit) parce que vous êtes ouverte et réceptive tout autant que lui.. Je n'insisterai jamais assez sur ce point. Si vous voulez vraiment avoir tous les hommes à vos pieds, maîtrisez parfaitement votre écoute de l'autre.

La deuxième erreur de communication que commettent les femmes est de parler d'autres hommes de façon à provoquer la jalousie et un sentiment d'insécurité chez leur partenaire. Il peut s'agir d'anciens fiancés, d'un ex-mari, d'autres personnes de leur entourage ou d'amis hommes qui sont franchement formidables. Tout cela peut mettre votre partenaire mal à l'aise si vous ne le gérez pas avec soin. Il y a un soupçon : en cas de doute, laissez les autres hommes en dehors de votre relation. Aucune nécessité de divulguer les détails de votre histoire amoureuse ou sexuelle ou d'ajouter d'autres hommes pour fomenter une compétition. Ces images et ces histoires du passé ne feront que hanter votre compagnon actuel et vous ne cesserez de vous torturer l'un l'autre en jouant sur la jalousie.

Troisièmement, beaucoup de femmes éprouvent le besoin de parler pendant ou après avoir fait l'amour, comme si c'était le moment de laisser à l'autre l'occasion de parler de ses véritables sentiments. Non, non, non ! Ça n'est pas du tout recommandé, surtout lorsque vous en êtes au début de votre relation. Cela peut créer un sentiment de frustration, d'isolement et, parfois, de confusion extrême.

C'est comme ça : le sexe est une opportunité incroyable de se laisser simplement aller et d'être sexy, d'avoir envie de l'autre et d'être libre. Il ne s'agit pas d'essayer d'aller quelque part ou de faire bouger les choses. Faire l'amour, c'est se libérer, explorer et se faire plaisir l'un l'autre. C'est très sain et extrêmement bénéfique à votre esprit, votre corps et votre âme. Pensez au sexe comme à une sorte de yoga. À la fin d'un cours de yoga, vous avez besoin de reprendre la pause de Savasana (la pause du corps) pour bien sentir tous les bénéfices des postures que vous avez reproduites. Vous êtes simplement allongée, heureuse et satisfaite et vous respirez. C'est la même chose avec le sexe. Après avoir fait l'amour, autorisez-vous à simplement vous détendre et à absorber l'énergie apaisante et rajeunissante que vous avez créée ensemble. Si une conversation "au niveau supérieur" se produit naturellement, c'est fantastique. Mais ne forcez rien. Profitez-en et sentez comme c'est tout simplement délicieux d'être avec un autre être humain.

Habitude n°4 peu séduisante : Avoir une apparence négligée

Soyons honnêtes. Votre apparence compte. Oui, les hommes vous aimeront pour votre bienveillance, votre affection, votre esprit, votre humour contagieux et votre charme irrésistible et diabolique. Mais soyons claires : donnez-leur une chance de connaître l'être fabuleux que vous êtes en vous présentant dans un emballage somptueux !

Beaucoup de belles femmes se laissent aller et se demandent pourquoi elles ne peuvent pas séduire un homme. Si vous avez grossi, si vous avez cessé de vous occuper de vous ou bien si vous pensez qu'un survêtement de sport assorti est la tenue qui vous convient, il est temps de prendre les choses en main. Votre apparence joue sur ce que vous ressentez. Si vous avez l'air courtaude, il y a des chances pour que vous vous sentiez courtaude et les hommes vont le ressentir aussi. Lorsque les femmes s'habituent trop à leur relation, elles ont tendance à cesser d'essayer d'être séduisantes. Certains hommes peuvent se montrer compatissants pendant un moment (surtout s'ils sont dans le même état d'esprit), mais pour beaucoup, ce manque d'attention est le déclic pour s'éloigner. Et c'est facile, en couple, de se relâcher sur son apparence. Ne le faites pas. Cela concerne votre hygiène personnelle (haleine, dents, et oui… votre intimité aussi). Certes, la sueur et la séance sportive de sexe peuvent être torrides et faire rêver, mais en général, les femmes irrésistibles restent propres et fraîches.

Engagez-vous à prendre soin de vous tous les jours. Faites attention à ce que vous portez. Personnellement, j'ai de la chance parce que ma mère était un modèle dans le genre. Même si elle dépensait peu d'argent pour s'acheter des vêtements chers ou des bijoux, elle avait toujours l'air superbe. Elle s'occupait d'elle une heure par jour pour se faire belle comme elle disait, elle se rafraîchissait avant le retour de mon père à la maison. Ses vêtements étaient toujours soigneusement repassés et son maquillage était impeccable. Même son peignoir confortable et ses mules étaient assortis.

Tout est là. Ne soyez pas obsédée, ne luttez pas pour atteindre un idéal de perfection irréaliste. Mais soyez attentive et prenez soin de vous.

Habitude n°5 peu séduisante : Être endurcie et glaciale

Les femmes qui ont une attitude endurcie et glaciale sont habituellement plutôt minces et elles ont un regard sévère. Elles semblent insensibles et fatiguées. C'est comme si leur esprit de jeune fille tendre, leur charme féminin avaient été aspirés avec une paille. Les femmes endurcies et glaciales sont souvent très sérieuses, elles pensent que la vie, surtout les hommes, les ont induites en erreur. Elles cèdent à un humour sarcastique et cinglant et les conversations se transforment souvent en plaintes.

Cette attitude est le résultat d'une colère réprimée. On nous a appris que la colère est mauvaise et manque de distinction. Nous avons du mal à nous autoriser à exprimer notre colère et nous avons donc développé l'habitude de ne pas la montrer en espérant qu'elle partira toute seule ou, au moins, que personne ne la verra. Le problème, c'est que cacher quelque chose ne le fait pas disparaître. En fait, essayer de ne pas ressentir quelque chose est une forme de résistance. Et comme ce à quoi vous résistez persiste et se renforce, ça n'est pas surprenant qu'une colère réprimée conduise à une attitude dure et amère dans la vie.

Heureusement, vous n'avez pas besoin d'années de thérapie ou de cours pour apprendre à gérer votre colère pour l’évacuer. Autorisez-vous simplement à ressentir la colère lorsqu’elle se présente. Sentez l’émotion que cela suscite en vous. Prenez-en note. Autorisez-la à être présente et cela passera. Si vous l’avez retenue pendant un moment, vous pourrez vous sentir de façon disproportionnée en colère lorsque vous la ressentez pour la première fois. Par exemple, si votre fiancé laisse encore sa serviette par terre et que vous vous autorisiez à noter ce que vous ressentez, vous pourrez ressentir un profond désir d’exploser, de vous lancer dans la bagarre. Ça n’est pas recommandé. Plus vraisemblablement, vous avez une ancienne colère (vraiment vieille, du style : lorsque vous aviez cinq ans, quelqu’un vous avait pris votre sucette) qui a finalement la chance de pouvoir faire surface. Si c’est approprié de vous exprimer et d’aborder cette situation, faites-le. Sinon, notez simplement cette sensation de colère et poursuivez votre chemin.

Ce sont les bonnes nouvelles qui concernent cette attitude dure et amère. Il y a une manière de la transformer. C’est ce que l’on appelle se détendre. Si vous avez l’idée fausse que la vie ou les hommes vous ont induite en erreur, vous vous êtes glissée dans le rôle de victime et vous devez jouer un nouveau rôle. Comment cela ? Essayez d’être la vedette, l’héroïne, la maîtresse femme de votre vie. C’est beaucoup plus séduisant, non ? Souvenez-vous, il n’y a pas de victimes irrésistibles. Vous pouvez être une jolie pépée irrésistible ou une victime endurcie et glaciale. C’est à vous de choisir.

Habitude n°6 peu séduisante : Être vache et critique

Beaucoup de femmes trouvent cela difficile de reconnaître et de complimenter les autres femmes qui ont du charme, surtout en présence de leur compagnon. Les femmes peu sûres d'elles, mal dans leur peau, critiqueront les vêtements, les chaussures, le sac, les cheveux, le corps, le maquillage ou le succès de la femme qu'elles trouvent charmante. Ces femmes vaches et critiques pensent à tort que démolir une autre femme irrésistible sera d'une manière ou d'une autre une action préventive et empêchera leur compagnon de trouver la femme désirable. Rien n'est plus éloigné de la vérité que cela !

D'abord, être critique vis-à-vis d'une autre femme vous catalogue sous un jour défavorable. Vous êtes considérée comme peu sûre de vous et jalouse. Soyons honnêtes, votre compagnon l'a sans doute remarquée au moins dix minutes avant vous, alors pourquoi prétendre le contraire ?

Autre point important. En débinant les femmes séduisantes, vous vous programmez inconsciemment pour ne pas en devenir une. Le monde est comme une gigantesque photocopieuse qui vous renvoie les copies de ce que vous avez "commandé" en pensée. Lorsque vous vous montrez vache et critique, vos pensées envoient le message "séduire n'est pas correct" et le monde n'a pas d'autre choix que de répondre : "Oui, maître ! Séduire n'est pas correct." Parce qu'aucune de nous ne veut être incorrecte, nous ne nous autoriserons pas à devenir séduisantes ou irrésistibles.

Voici ce qu'il faut faire. Lorsque vous remarquez une autre femme sexy, bénissez-la en silence et dites : "C'est bien ma fille, ça marche !" Cela va reconditionner votre esprit pour approuver le fait d'être séduisante et le monde n'aura pas d'autre choix que de dire : "Oui, maître !" et de vous soutenir pour que vous soyez aussi sexy que vous voulez. Personnellement, j'aime remarquer les femmes séduisantes pour que mon compagnon et moi puissions apprécier le coup d'œil. C'est drôle et cela favorise l'honnêteté entre nous, et au final, c'est avec moi qu'il rentre.

Habitude n°7 peu séduisante : Être ennuyeuse au lit

Aucun homme bien dans sa tête ne l'avouera jamais : l'ennui dans le sexe est une cause fréquente de rupture dans les relations. Vous n'avez pas forcément à installer un piquet de strip-tease dans votre chambre ou à pratiquer le bondage (même si l'une des deux pratiques ou les deux pourraient être amusantes), mais vous devez étudier vos propres idées sur la sexualité et vous avouer si oui ou non vous vous retenez aux draps. Je devine que cela doit vous arriver. Soyons réalistes, cela nous arrive à toutes !

La relation sexuelle entre deux adultes consentants est un événement superbe et revitalisant. C'est l'une des expériences les plus merveilleuses sur Terre et cela peut être une expression incroyable d'intimité et de vie. C'est aussi un excellent moyen de renforcer votre charme irrésistible.

Répétez ceci après moi à voix haute : "J'adore le sexe. J'adore le sexe. J'adore le sexe."

Bien. Maintenant, répétez-le au moins cinq fois par jour. Sept fois plus, si vous avez été élevée dans la religion catholique. Non, je plaisante… enfin, pas tout à fait.

La plupart d'entre nous, que nous le réalisions ou non, avons été culturellement conditionnées pour croire que le sexe est mauvais. Même si nous disons que nous aimons le sexe, nous avons été si profondément imprégnées par ce que nous a inculqué la société, à savoir que le sexe est sale, honteux et immoral, que nous ne nous sentons pas très à l'aise pour en parler franchement ou pour faire preuve d'initiative afin de développer nos prouesses sexuelles.

Une relation sexuelle ennuyeuse, c'est par exemple quand vous faites l'amour pour vous débarrasser. Je n'arrive pas à penser à quelque chose de plus ennuyeux qu'une femme qui est étendue et qui repense à sa liste de courses ou qui regarde les fissures au plafond pendant que son compagnon prend une suée pour lui faire plaisir. Beaucoup de femmes cèdent, leur compagnon arrête de poser des questions et il finit par ressembler à un poisson mort pendant qu'ils font l'amour. Au cas où vous ne l'auriez pas remarqué, cette approche ne marche pas si vous voulez être irrésistible et avoir une relation magique et satisfaisante.

Je vous suggère d'apprendre à être culottée et à prendre l'initiative beaucoup plus souvent. Une manière de pimenter les choses est d'apprendre à faire du strip-tease. Vous trouverez beaucoup de DVD sur le sujet ainsi que des cours. En tant que danseuse et professeur de culture physique, j'ai beaucoup aimé enseigner l'art de se déshabiller. Il n'y a pas de mots pour décrire combien c'est stimulant de voir des femmes se libérer de leurs inhibitions devant mes yeux pour découvrir la beauté, l'élégance et la femme très sexy qui réside en elles. Les femmes se transforment réellement pendant ces cours et elles se sentent plus sexy et plus confiantes comme jamais elles n'auraient pu l'imaginer.

Ce que vous pouvez également faire, c'est vous acheter de la belle lingerie qui vous rendra et vous fera vous sentir sexy. Achetez au moins une pièce suffisamment pratique à porter sous vos vêtements de tous les jours de façon à vous sentir secrètement excitante toute la journée.

Enfin, habituez-vous à recevoir du plaisir d'un homme. Vous ne pouvez pas lui faire un plus beau cadeau qu'en l'autorisant à vous satisfaire sexuellement. Beaucoup de femmes ne sont pas habituées à simplement s'autoriser à recevoir. Vous savez quoi ? Sautez le pas ! Si vous voulez avoir tous les hommes à vos pieds, vous allez devoir sortir de votre confort et vous autoriser à vous sentir bien, vraiment bien, de manière constante. Et ne prétextez pas qu'il ne sait pas comment vous faire plaisir. Il ne lit pas dans vos pensées et chaque corps de femme est différent. Parlez-lui, montrez-lui, guidez-le. Il vous aimera pour cela et vous aussi.

Le fond du problème, c'est celui-ci : être ennuyeuse au lit, c'est éprouver un sentiment de peur : peur d'avoir l'air idiote, peur de ne pas savoir quoi faire, peur que l'on se moque de vous ou peur d'être rejetée. Les femmes irrésistibles ressentent de la peur mais elles sont partantes pour des relations sexuelles satisfaisantes. Souvenez-vous, mettre en pratique rend parfaite !

Agissez, il n'y a pas de meilleur remède à la peur. Lorsque des pensées basées sur la peur vous assaillent, et vous savez que cela arrivera, dites-vous : "Merci de m'informer" et vous partirez chercher la fille culottée que vous êtes.

Questions

* Combien de fois vérifiez-vous vos e-mails ou votre répondeur sans avoir un sentiment de désespoir ? Combien de temps perdez-vous à vous sentir dans le besoin, à être abandonnée dans vos pensées ou à agir inutilement, que vous pourriez passer autrement à profiter de votre vie ?

* Participez-vous lorsque des amis se montrent vaches ou critiques face à des femmes irrésistibles ? Même si vous ne le faites pas, restez-vous silencieuse ou bien parlez-vous franchement et suggérez-vous une autre attitude ? Êtes-vous prête à soutenir vos amis en ouvrant la porte à leur irrésistible transformation ?

Action

Débarrassez-vous de tout ce qui diminue votre amour-propre dans votre garde-robe. Vous savez, ces tenues "spéciales" qui vous font vous sentir courtaude, mal fagotée et plus grosse à la minute où vous les portez. C'est un grand défi à réaliser avec des amis.

Sachez bien écouter. Notez combien de fois vous terminez les phrases des autres (dans votre tête ou à voix haute) et arrêtez de le faire. Faites comme si la personne qui parle a une perle de sagesse qui va profondément changer votre vie. Mais pour la recevoir, vous devez donner toute votre attention à cette personne et lui permettre de parler sans l'interrompre. Supposez que la personne puisse avoir besoin de parler un peu pour ne rien dire au début pour arriver plus tard à l'essentiel.

Mettez-vous votre apparence en veilleuse ? Soignez vos mains, vos pieds, votre visage et vos cheveux pour les rendez-vous que vous aurez dans les six mois à venir.

Il est temps de retrouver votre séduction. Il n'y a pas de meilleure façon de faire que de s'amuser. Vous pouvez le faire seule ou avec un partenaire. Louez des films pour adultes et lisez un livre érotique ou un roman sentimental nul. Notez ce qui se passe. Amusez-vous à respirer la vie par votre sensualité.

PARTIE 2

Les huit secrets pour magnétiser les hommes

Faites confiance à cette petite voie calme qui dit :
"Ça pourrait marcher et je vais essayer."
Diane Mariechild, auteur.

Chapitre 4

Secret n° 1 : Bouleversez les règles

La règle d'or, c'est qu'il n'y en a pas.
George Bernard Shaw.

Il faut que je vous avoue quelque chose. Je déteste les règles. Elles emprisonnent. Sans parler du fait qu'elles ne marchent pas, surtout lorsqu'il s'agit de relations.

Lorsque vous appliquez une règle, c'est une décision que vous prenez au sujet de quelque chose qui est passé (en général, au cours d'un moment difficile). Vous polluez le moment présent et vous fermez la porte à un nombre infini de possibilités. Vous contaminez votre avenir avec des informations souvent inexactes et dépassées, basées sur des événements passés. Chaque instant est nouveau et remarquablement unique parce qu'il ne s'est jamais produit avant. Jamais.

Les règles et les techniques sont conçues à partir de la peur et de la pénurie. Elles sont là pour garder votre compagnon en équilibre instable de façon qu'il continue à se poser des questions à votre sujet et à fixer son attention sur vous au lieu de vivre la richesse de sa propre vie. Ça n'est pas ce que vous voulez. Ça n'est pas le véritable amour, c'est un jeu de manipulation qui ne finit jamais.

Les règles qui tuent votre charme irrésistible

Notre univers se développera toujours. Vous aussi. Je suis certaine que vous êtes plus élégante, plus expérimentée et plus centrée sur vous que vous ne l'étiez il y a dix ans. Baser votre approche de l'amour sur des règles qui ont, ou non, fonctionné pour vous par le passé (même si le passé, c'était il y a vingt minutes), cela revient à suivre une carte routière pour aller dans un endroit qui n'existe plus. Lorsque vous suivez des règles en amour, vous tuez votre charme irrésistible et la vie qui est en vous. Il n'y a pas de créativité dans les règles, pas de place pour de nouvelles possibilités ou quelque chose de merveilleux à naître de l'inconnu.

Les règles incarnent souvent la vérité de quelqu'un d'autre, et vous les avez adoptées comme étant les vôtres. Beaucoup de femmes ont inconsciemment absorbé les règles d'autres personnes venant de leur religion, de leur famille ou des médias. D'autres utilisent le développement personnel qui favorise la manipulation et trouvent plus facile de suivre un système au lieu de chercher à découvrir leur propre vérité.

Voici quelques règles courantes qui concernent les rendez-vous avec un homme et qui font des ravages sur le charme irrésistible authentique :

- ne jamais appeler un homme ;
- ne pas regarder un homme dans les yeux ;
- ne pas trop parler ;
- ne pas faire l'amour au premier rendez-vous ;
- ne jamais fréquenter plus d'un homme à la fois ;
- ne pas faire le premier pas ;
- ne pas inviter un homme chez vous ;
- ne jamais fréquenter un homme plus petit que soi.

Je vous l'ai dit, les règles tuent !

Il y a des moments où appeler un homme est la chose absolue à faire. Lancer un regard peut être très sexy. Parler peut donner de la vie à l'âme. Faire l'amour lors du premier rendez-vous peut conduire à une relation longue, intense et satisfaisante. Fréquenter plusieurs hommes peut être amusant et excitant.

Bon, il y a des moments où ces comportements ne marchent pas et tuent votre charme. Ça n'est pas toutefois à cause de la "règle". C'est à cause de celle que vous êtes lorsque vous appelez, regardez, faites l'amour, donnez rendez-vous, etc. Vous pouvez casser toutes les règles de ce livre lorsque vous êtes centrée sur vous-même et bien consciente de vous parce que vous touchez du doigt votre charme irrésistible.

Celle que vous êtes fait toute la différence

Celle que vous êtes fait toute la différence au monde lorsqu'il s'agit de charme authentique. Laissez-moi insister encore sur ce point parce que c'est le concept le plus important du livre :

Celle que vous *êtes* fait toute la différence au monde lorsqu'il s'agit de votre charme authentique.

Si vous êtes dans le besoin (habitude n°1, chapitre 3) lorsque vous appelez les hommes parce que vous ne réalisez pas encore qu'une relation ne vous sauvera pas (vérité n°1, chapitre 2), vous allez effectivement repousser les hommes.

Si vous avez une relation sexuelle avec un homme parce que vous pensez qu'il vous aimera et voudra être avec vous, vous n'avez pas compris que vous ne pouvez pas changer la manière de ressentir d'un homme (vérité n°4, chapitre 2), vous serez déçue et vous aurez le sentiment d'être utilisée (de façon ironique, pas parce qu'il se sera servi de vous mais parce que vous vous êtes utilisée pour essayer de manipuler un autre être humain).

Si vous voulez vous marier et avoir une famille parce que vous pensez que cela vous garantira qu'il vous aimera pour toujours ou que vous aurez enfin la sécurité financière dont vous rêvez, vous n'avez pas compris ceci : si vous voulez des garanties en amour, vous ne voulez pas d'amour (vérité n°5, chapitre 2) ; les relations sont des opportunités spirituelles, et non un besoin d'échange (vérité n°2, chapitre 2).

Vous en voulez plus ? Disons que vous utilisez les règles ou les techniques pour garder votre homme. Vous avez suivi chaque étape dans le système et vous l'avez attrapé avec un jeu stratégique de manipulations. Que va-t-il se passer ensuite ?

Pour le garder, vous devrez maintenir cette comédie pendant le reste de votre vie. Vous devrez mentir sans cesse sur ce qui marche et ce qui ne marche pas pour respecter les "règles". Vous ne serez jamais capable de vous exprimer complètement et de manière authentique, ou de donner et de recevoir un amour inconditionnel parce que cela ne fait pas partie du jeu programmé de le forcer à rester vigilant.

Les relations qui découlent de règles requièrent de tout gérer soi-même constamment et de manière exhaustive sans se poser de questions. Ma suggestion ? Bouleverser les règles.

La manipulation ne produit jamais un amour profondément intime ou des relations satisfaisantes. Un amour vrai qui dure jaillit de l'authenticité, de la communication et d'une volonté de pleinement se donner à l'autre.

Vous n'avez pas besoin de règles. Vous avez besoin de vérité. Votre vérité. Sa vérité. Votre vérité mutuelle –

communiquée à l'autre dans un esprit de respect et de compassion, sans être montré du doigt, sans reproche ni manipulation. Je ne vois rien d'autre de plus sexy qu'une femme qui est elle-même sans honte, honnête sur ses sentiments, authentique dans ses expressions et suffisamment sûre d'elle pour partager ses doutes lorsqu'ils se présentent.

C'est dans le domaine des possibilités sans limites, et non dans les règles, que le véritable amour vit. C'est dans l'honnêteté, et non dans la manipulation, que les belles relations naissent. Et c'est en dehors de l'intégrité, de l'authenticité et du respect de soi que votre charme irrésistible va s'épanouir.

Action

Quelles règles avez-vous respectées jusqu'à maintenant ? Notez-les.

Réfléchissez maintenant à ces questions. Où avez-vous appris les règles que vous avez notées ? Est-ce qu'elles marchent pour vous ? Dans quelle mesure êtes-vous prête à vous libérer de ces vieilles règles et à entrer dans le monde des possibilités infinies ?

Chapitre 5

Secret n° 2 : Rayez l'homme parfait de votre liste

Si vous jugez les gens, vous n'avez pas le temps de les aimer.
Mère Teresa.

Il y a environ cinq ans, j'avais un homme dans ma vie : l'homme parfait de ma liste, il n'était pas spécialement grand, il était italien, catholique, à trois ans près de mon âge, jamais marié, pas d'enfants (il n'en voulait pas non plus) et il avait un certain nombre de… hum… pulls. Il était de préférence élégant, il avait du bon sens, du genre à porter des costumes (pas le genre de type artiste). Je ne pouvais même pas envisager d'être avec quelqu'un qui n'aurait pas eu ce profil. Remarquez, ça n'est pas comme si je pensais créer un critère pour déterminer les aptitudes d'un homme pour sortir avec une fille. C'était un ensemble d'éléments qui s'étaient regroupés à partir de choses que j'avais vues en grandissant dans ma famille et dans la culture qui avait été la mienne.

L'homme parfait de ma liste a volé en éclats lorsque j'ai commencé à vivre ma vie en direct et que j'ai commencé à étudier ma façon d'opérer, comme vous le faites à l'instant. C'était vraiment excitant. J'ai découvert que des nouveaux mondes d'hommes existaient ailleurs. À ma grande surprise (et à la sienne aussi), je suis tombée profondément amoureuse d'un homme qui s'appelle Josh, un acteur-écrivain-directeur juif, plus âgé que moi de plusieurs années, divorcé et père d'un fils de neuf ans.

Ah ! Presque l'opposé de celui auquel je rêvais pour me rendre heureuse. Presque l'inverse de l'homme parfait de ma liste.

Je vous le dis par expérience : ce que je sais aujourd'hui être possible en termes d'amour, de relation et d'intimité est loin derrière ce que j'avais pu imaginer avant de le rencontrer. Mes idées de l'homme parfait étaient toutes petites, limitées – vraiment pâles en comparaison de la réalité et du bonheur que je vis tous les jours avec Josh.

Pour découvrir ma vérité (et Josh), il m'a fallu la volonté de laisser tomber les idées qui, je croyais, me rendraient heureuse et de permettre à quelque chose de nouveau et d'inconnu d'entrer dans ma vie. Avant cette rencontre, mon esprit était plein de vieilles idées, de jugements, de restrictions et de critères de l'homme parfait. J'étais même incapable de voir que d'autres choses existaient.

Chercher l'homme parfait de votre liste rend pratiquement impossible d'attirer l'homme qui vous convient. Vos idées de ce qui est parfait sont étroites et limitées. Elles viennent de ce que vous connaissez déjà, cela veut dire qu'elles viennent du passé, d'une version de vous moins expansive, moins expérimentée, moins irrésistible.

L'homme parfait de votre liste, que ce soit une liste que vous avez consciencieusement élaborée ou une liste que vous avez absorbée inconsciemment à partir de votre culture, vous coupe de beaucoup d'amour et d'hommes disponibles. Il agit comme un filtre restrictif qui passe au crible, trie et présélectionne celui que vous envisagez de voir. C'est une barrière que vous vous imposez à vous-même qui vous éloigne de l'amour et tient beaucoup de femmes en arrière, loin de toute possibilité d'avoir une relation magique. Votre liste s'est même sans doute transformée en un fantasme, celui de…

Le mythique Monsieur Lebon

Vous connaissez ce type. C'est l'image idéale que vous avez de la personne avec laquelle vous devriez passer le reste de votre vie. Évidemment, aucun mortel ne peut espérer lui arriver à la cheville. Il est mythique parce qu'il repose entièrement sur l'histoire que vous vous êtes imaginée à propos de celui qui vous rendra heureuse. Il est pure fiction, un fantasme que vous avez inventé à partir d'éléments limités que vous avez retirés de votre histoire passée. Dans votre esprit, il s'agit d'un homme fabriqué, et non d'un homme bien réel qui se trouve dans votre lit.

Voici la question que je veux vous poser : que se passe-t-il si votre image actuelle manque de perspicacité ? Que se passe-t-il s'il existe une personne qui a des qualités merveilleuses que vous ne pouvez même pas imaginer ? Que se passe-t-il si vous êtes plus investie dans votre fantasme que dans la réalité ? Que se passe-t-il si en moins d'une seconde lorsque vous rencontrez quelqu'un, vous le comparez inconsciemment avec votre mythique Monsieur Lebon et que vous le jugez fort à propos comme n'étant pas "le bon" pour vous éviter ainsi la difficulté et l'intimité d'une vraie relation ?

Est-ce que vous voulez vraiment renoncer à ce qui, *selon vous*, vous rendrait heureuse pour découvrir quelque chose de plus excitant, de plus intime et de plus chaleureux comme vous n'avez pas idée ? Êtes-vous suffisamment courageuse pour avoir une vraie relation avec un homme bien réel ?

Que se passe-t-il si l'idée de Monsieur Lebon est complètement fausse ? Que se passe-t-il s'il n'y a pas de Monsieur Tout-Faux ? Que se passe-t-il si chaque relation – peu importe sa durée – propose une leçon qui n'a pas de prix et qui vous permette de grandir et d'évoluer ?

Action

Notez la liste des qualités de votre homme idéal ainsi que celle des traits de caractère de votre mythique Monsieur Lebon. Cela inclut toutes les façons dont vous classez, passez au crible et filtrez vos partenaires potentiels. Voici quelques idées pour vous aider : la couleur de ses cheveux, sa taille, son ethnie, son âge, son travail et ses revenus. Y a-t-il un type d'homme que vous ne fréquenteriez pas ou auquel vous ne pourriez même pas envisager de donner une seconde chance ?

Vous avez fini ? Bien. Alors brûlez votre liste.

Dernière chose : vous êtes une déesse, une reine. Vous en savez beaucoup plus que vous ne le pensez et cela ne vient pas de votre tête. Cela vient de votre esprit, de votre connaissance intérieure, de votre moi, de l'intelligence divine qui est en vous. Vous êtes intuitive, perspicace et sage.

Pour pouvoir libérer votre charme authentique, il faut que vous acceptiez de sortir des limites de votre esprit et de vous ouvrir aux possibilités illimitées du monde. Soyez assurée que donner libre cours à vos possibilités ne signifie pas que l'homme dont vous tomberez amoureuse n'aura pas les qualités que vous voulez. Cela signifie simplement que vous cesserez de vivre avec des idées dépassées, limitées et vous découvrirez votre vérité.

Pourquoi vous restreignez-vous à quelques idées toutes faites sur la personne avec laquelle vous devriez être ? Que se passe-t-il si quelqu'un de bien supérieur à vos rêves les plus fous vous attend au coin de la rue et si vous êtes à peine attentive pour le remarquer ? Pourquoi ériger des barrières à l'amour ?

Action

Laissons de côté notre Monsieur Lebon et commençons simplement à nous amuser. (Quelle idée !) Répétez à voix haute trois fois : "J'ai rendez-vous pour m'amuser, pas pour trouver quelqu'un !"

Arrêtez de vous mettre de la pression et de mettre la pression sur les hommes que vous fréquentez. Réveillez votre esprit de jeune fille et amusez-vous. Jouez. Riez. Soyez idiote. Ayez une aventure. Qu'avez-vous à perdre en dehors de votre persévérance ? Faites confiance à votre intuition. Si vous vous sentez attirée par quelqu'un qui n'est pas "votre type", sortez avec lui et ouvrez-vous à de nouvelles possibilités.

Vous ne savez jamais qui vous pouvez découvrir.

Chapitre 6

Secret n° 3 : Lorsqu'il s'agit d'opposer les hommes aux femmes, personne n'est gagnant

Soyez simplement consciente que vous ne pouvez pas aider, simplement juger par vous-même de ce qui est. La décision que vous prendrez à ce moment-là sera votre choix propre.
Story Waters, auteur et enseignant spirituel.

La plupart d'entre nous connaissons bien la fameuse guerre des sexes. Cette notion se réfère au fait que beaucoup d'hommes et de femmes sont en lutte constante pour vaincre l'autre. Les hommes essaient de prouver leur supériorité sur les femmes et les femmes font la même chose de leur côté. Malgré les avancées sociales et politiques qu'ont connues les femmes depuis le XIXe siècle, cette guerre des sexes existe toujours dans notre société et, si nous n'y prenons pas garde, elle peut porter atteinte à notre capacité de séduire les hommes, de maintenir et de profiter de relations saines avec eux.

Cette rivalité hommes-femmes s'est transmise culturellement de génération en génération depuis la nuit des temps. Et tous autant que nous sommes, que nous le voulions ou non, nous avons été profondément influencés par cet état d'esprit. Jusqu'à ce que vous deveniez pleinement consciente de toutes les nuances qu'elle implique, vous participez involontairement à cette guerre et vous êtes destinée à conserver ce comportement qui amoindrit votre charme irrésistible. Ce mépris non contrôlé pour les hommes surgira et viendra saboter une relation par ailleurs saine.

Voici ce qui se passe. Jour après jour, vous absorbez des messages (de manière consciente ou non) qui viennent renforcer la guerre des sexes. Dans la presse, à la télévision, ou encore lors de conversations informelles, vous êtes assaillie de statistiques, d'histoires, de remarques qui viennent prouver que l'un des deux est plus malin, qu'il gagnera ou qu'il survivra à l'autre. Les amis ou même la famille nous influencent souvent et nous engagent à nouveau dans la guerre contre les hommes. Les hommes en prendront pour leur grade ou bien vous passerez des heures au téléphone avec vos amies pour vous plaindre que les hommes sont tous insensibles, peu expansifs, indignes de confiance, égocentriques, paresseux et qu'ils ne veulent pas s'engager. Tante Sally dirait : "Oh ma chérie, tu n'y peux rien, tous les hommes sont comme ça." Ou bien votre meilleure amie vous lancera : "Tu connais les hommes, ils ne savent pas le faire." Pourtant, vous aussi, au plus profond de vous-même, vous vous sentez quelque part trompée par les hommes et vous pouvez dire ou faire des choses (intentionnellement ou non) qui laissent aux hommes avec lesquels vous passez votre temps le sentiment d'être sur la défensive, ignorés ou incompétents.

Je connais beaucoup de femmes célibataires qui ont l'habitude de systématiquement émasculer les hommes puis de se demander après pourquoi elles sont seules ou vivent une relation conflictuelle. Voyons l'exemple de l'histoire de ma cliente Ali et voyons comment sa conversation quotidienne pleine d'innocence l'a remise sur le chemin de la guerre des sexes.

L'histoire d'Ali

Ali est une jeune femme de trente et un ans, elle est journaliste de mode. Elle est blonde, séduisante et elle gagne bien sa vie. Elle a eu plusieurs relations qui se sont toutes mal terminées. Elle est impatiente de se fixer et de fonder une famille. Elle a récemment rencontré Mike, un spécialiste des affaires réputé. Au bout de quelques semaines de rencontres régulières, Ali a eu la conversation suivante avec son amie Sharon :

Ali : "Tu sais, Mike a appelé pour annuler notre dîner ce soir parce qu'il doit rendre un gros projet demain au bureau. Il m'a dit que nous sortirions vendredi soir pour remplacer notre soirée d'aujourd'hui mais je suis vraiment déçue."

Sharon : "C'est tout à fait typique des hommes. Ils n'ont aucune considération pour nous, ils ne se préoccupent que d'eux-mêmes."

Ali : "Tu penses vraiment qu'ils sont tous comme ça ?"

Sharon : "Évidemment ! Et cela devient pire lorsque l'on vit avec eux. Tu crois que Gary m'aide à faire le ménage dans l'appartement ? Eh bien non ! Pas question de lui demander de faire le lit ou de sortir la poubelle. Il va plutôt rester avachi sur le canapé toute la journée et regarder la télévision. Ah les hommes !"

Vous réalisez combien une conversation apparemment innocente peut vous conduire dans une guerre des sexes ? Très probablement, Ali punira Mike en refusant de faire l'amour et en se montrant légèrement distante dans l'espoir qu'il comprendra que quelque chose la contrarie. Cette approche n'est pas du tout recommandée ! Si vous voulez être irrésistible et avoir des relations magiques, arrêtez de considérer les hommes comme s'ils étaient d'une autre espèce, cherchant à vous nuire. Cette attitude n'est pas du tout différente de ce que pourrait être une discrimination raciale ou religieuse. Commencez à considérer les hommes et les femmes comme s'ils étaient des êtres uniques.

Beaucoup de femmes se demandent : "Où sont donc les vrais hommes ?" ou bien se plaignent : "Il n'y a pas assez d'hommes célibataires de mon âge. Ils veulent tous des femmes plus jeunes." Les femmes qui énoncent ce genre de remarque ne voient pas qu'elles ont un profond mépris pour les hommes. Elles cherchent inconsciemment des moyens de prouver que les hommes s'y prennent mal, ne pensent pas comme ils le devraient, adoptent un comportement erroné et se trompent. Il est impossible d'avoir une relation heureuse et satisfaisante avec un homme, de la voir durer, si vous haïssez les hommes, que ce soit en secret ou non.

Voici quelques tendances à surveiller de près :

- Vous êtes en compétition avec les hommes sur le plan professionnel pour prouver que les femmes valent davantage.
- Vous cherchez à prouver que c'est plus difficile pour les femmes.
- Vous faites des plaisanteries sur les hommes ou vous en riez lorsque vous les entendez.
- Vous avez du ressentiment vis-à-vis de votre père, vous le jugez ou vous vous en plaignez.
- Vous passez davantage de temps à vous plaindre des hommes qu'à accepter leurs rendez-vous.

Ce que vous pensez des hommes affecte leur façon de se comporter avec vous

Un autre aspect intéressant de la guerre des sexes que la plupart des femmes oublient, c'est que leurs pensées et leurs jugements sur les hommes ont un impact sur la manière dont les hommes se comportent avec elles. Si vous croyez que vos pensées ne dépassent pas le cadre de votre esprit, détrompez-vous. Vos pensées sont palpables et résonnent chez les autres. Si vous jugez que quelqu'un est incompétent, insensible ou idiot, il le sentira. Cela inclut les hommes bien sûr.

Certaines personnes sont plus habiles pour remarquer et désigner cette énergie-là, mais tout le monde en est affecté. Que vous le vouliez ou non, vous avez un impact sur la façon dont les gens, surtout les hommes, se comportent autour de vous. Vos idées, vos pensées et vos convictions sur les gens influencent le comportement qu'ils ont avec vous. La perception est un acte de création. Penser que tous les hommes sont généralement bêtes, indignes de confiance, insensibles ou encore machistes les conduira à se comporter ainsi avec vous. C'est comme si vous les emmeniez dans cette direction et que vous leur disiez ensuite : "Vous voyez ! J'avais bien raison ! Tous les hommes sont comme ça !"

Dans son ouvrage révolutionnaire, *The Hidden Messages in Water* (*Les messages cachés de l'eau*, paru en France chez Guy Trédaniel Éditeur), le docteur Masaru Emoto prouve scientifiquement que les pensées et les sentiments affectent la réalité physique. Il a réalisé différents tests précis sur les molécules de l'eau gelée. Il a découvert que l'eau gelée marquée de pensées aimantes comme la gratitude, le simple remerciement et le "je t'aime" présentait des structures moléculaires superbes, symétriques et ressemblant à d'étonnants flocons de neige aux couleurs pleines de vitalité. À l'inverse, l'eau exposée à des pensées négatives, par exemple "Je te déteste" ou "Tu me rends folle", présentait des structures moléculaires incomplètes, déformées, asymétriques aux couleurs ternes.

Lorsque vous prenez en considération le fait que presque 75 % du corps humain est composé d'eau, ça n'est pas compliqué de comprendre ceci : si vous pensez que les hommes ne font que profiter de vous ou encore si vous les détestez carrément, ça n'est pas le genre de pensée qui va vous aider à entretenir votre charme.

Action

Cessez de faire la guerre aux hommes et essayez plutôt de voir comment vous pouvez vous y prendre. Tant que vous n'aurez pas réellement conscience de votre façon d'agir, vous ne pourrez pas vous arrêter. Aidez-vous des questions suivantes :

1. Laissez-vous dénigrer les hommes en votre présence ? Même si vous ne participez pas, vous trouver en prise avec ce genre de commentaire diminue votre énergie et affecte votre charme. Apprenez à parler franchement ou tenez-vous à l'écart de ce genre de réflexion tendancieuse.

2. Quelles sont les pensées ou convictions sur les hommes que vous pensez être vraies ? Notez-les. Sont-elles bénéfiques à votre épanouissement ou au contraire sont-elles destructives ? Êtes-vous prête à les remettre en question par rapport à votre propre vérité ? Êtes-vous capable de vous en débarrasser ?

3. Dans quelle mesure êtes-vous prête à faire part de votre discernement à vos amis et à votre famille lorsque qu'une conversation tendancieuse sur la guerre des sexes surgit ? Êtes-vous capable de le faire de façon que personne n'ait tort tout en faisant simplement remarquer la futilité de ce genre de conviction ?

Chapitre 7

Secret n° 4 : Vos parents ne vous ont pas perturbée (et même si cela avait été le cas...)

Ce qui trouble les hommes, ce ne sont pas les choses, ce sont les jugements qu'ils portent sur les choses.
Épictète, philosophe grec.

Dans une société, nous vivons avec le réflexe conditionné de rejeter la responsabilité de notre vie sur ce que nos parents ont fait ou non pour nous élever. Soit vos parents étaient trop attentifs, faisaient preuve d'autorité et vous étouffaient, soit ils n'étaient pas suffisamment près de vous et vous laissaient avec des problèmes de responsabilités à prendre.

L'une de mes découvertes les plus importantes qui a complètement transformé mon charme et ma capacité à avoir une relation satisfaisante a été de vraiment comprendre que mes parents ne m'avaient pas perturbée. Jusqu'à vingt, vingt-cinq ans, je croyais que ma famille n'était pas normale et que j'avais eu une enfance légèrement maltraitée. Cela me convenait tout à fait de rejeter la responsabilité de mes propres difficultés d'adaptation et des échecs de mes relations sur mes parents.

Je racontais aux hommes avec lesquels je sortais de tristes histoires, je leur disais combien ma mère avait été méchante et comment elle m'avait perturbée. Je lui attribuais clairement l'image d'une maniaque de l'ordre et je lui en voulais de me reprendre sans arrêt. Même si je n'avais pas autant d'histoires à raconter sur mon père, je pensais néanmoins qu'il travaillait trop et je lui en voulais en silence de ne pas réussir à me sauver de la méchanceté de ma mère.

Peut-on dire : "Quelle cruche !"

Mon enfance n'a pas été anormale et je n'ai pas été légèrement maltraitée. Le seul dysfonctionnement se passait en fait dans ma petite tête d'enfant. Je racontais mes tristes petites histoires qui reposaient sur des souvenirs que j'avais assemblés lorsque j'étais une préado difficile, en pleine folie hormonale, qui n'aimait pas qu'on lui dise ce qu'elle devait faire. Comme beaucoup d'autres préados partout dans le monde !

Je n'avais pas du tout conscience de la difficulté que représente le fait d'être parent ni des complications et des exigences qui accompagnent le fait de s'occuper d'une famille et de l'élever. Comme beaucoup d'enfants, j'étais désordonnée et égocentrique et j'avais besoin de discipline. Avec mon regard d'adulte aujourd'hui, je suis à 100 % certaine que j'ai fait des choses qui ont rendu mes parents complètement fous ! Cela ne fait aucun doute que je laissais la salle de bains dans un désordre infernal et que ma chambre ressemblait à un champ de ruine après le passage d'un ouragan. Les souvenirs de mon enfance comme étant anormale ne sont pas du tout exacts. Ils ont été gravés dans mon esprit alors que j'étais beaucoup plus jeune, pendant une période où je me sentais bouleversée et où je faisais des caprices. J'avais le regard d'une enfant ce qui est par nature limité et incomplet. J'avais enregistré l'éducation tout à fait normale et responsable de ma mère comme étant d'une manière ou d'une autre anormale ou abusive. Jusqu'à ce que j'en prenne conscience, je vivais avec cette version comme si elle était bien réelle, limitant ainsi mon propre charme irrésistible et ma capacité à vivre une relation pleine, entière et satisfaisante avec un homme.

Dans la réalité, ma mère est incroyablement affectueuse, d'un grand soutien et elle est véritablement un ange pour moi. Merci à elle de m'avoir élevée comme elle l'a fait. Qui sait les ennuis que j'aurais pu avoir s'il en avait été autrement ? Quant à son image de maniaque de la propreté, c'est une vraie fée du logis. Heureusement, j'ai hérité de son enthousiasme : j'aime que tout soit propre et bien rangé autour de moi.

Merci aussi à mon père pour son succès dans les affaires (enfant, je disais de lui qu'il travaillait trop), nous ne manquions de rien à la maison. Quant à nos loisirs, nous prenions souvent nos vacances en famille, nous partions en week-end et nous passions toutes les vacances ensemble. Mon père n'a jamais raté d'événement important de toute ma vie. J'ajouterai aussi à son crédit qu'il m'a transmis son esprit ambitieux et son éthique du travail qui ont alimenté ma carrière professionnelle et favorisé la création du livre que vous avez en ce moment même entre les mains.

Si vous vous raccrochez à l'idée que vos parents ont perturbé votre vie, vous vous limitez très sérieusement au niveau de l'amour et de vos relations affectives. Vous détruisez complètement votre irrésistibilité parce que vous ne vous comportez pas comme une femme adulte. Au lieu d'être vous-même, vous luttez sans cesse pour ne pas ressembler à vos parents. Au lieu de profiter d'une vie heureuse et épanouie et d'apprendre à vous connaître pour vous-même, vous passez votre temps à vivre en réaction à ce que vous ont donné vos parents. Vous voulez prouver combien ils vous ont soi-disant perturbée en restant juste à la limite de la relation heureuse ou en choisissant de sortir avec des hommes méchants simplement pour mieux les envoyer balader.

Toute cette mise en scène dramatique va s'immiscer dans votre bien-être et vous empêcher d'avoir des relations affectueuses et satisfaisantes que vous méritez avec les hommes (et vos parents).

Voici un autre point à noter. Que vous le vouliez ou non, nos parents représentent l'archétype de l'image que nous avons des hommes et des femmes. En d'autres termes, notre mère est la toute première image que nous avons de la femme et notre père celle de l'homme. Si nous, en tant que femmes, pensons que nos mères nous ont mal élevées, qu'elles auraient pu faire mieux, ou encore qu'elles étaient des mères méchantes, nous allons nous saboter inconsciemment. Réfléchissez : comment pouvons-nous grandir et évoluer dans notre propre vie de femme et l'irrésistibilité qui va avec si la toute première image que nous avons de la femme est imparfaite ? Il ne nous restera plus qu'à prouver que nous aussi nous sommes imparfaites en continuant à vivre mal notre vie.

Si nous pensons que nos pères nous ont mal élevées, qu'ils auraient pu mieux faire, qu'ils étaient de mauvais pères, nous continuerons à projeter cette image masculine déficiente sur chaque homme que nous rencontrerons. Cela ne fera aucune différence s'il s'agit d'un ami, de votre patron, d'un employé ou de votre amant. Vous assumerez inconsciemment qu'il cherche, d'une manière ou d'une autre, à vous blesser ou à vous faire du tort ou que, simplement du fait qu'il s'agit d'un homme, on ne peut pas lui faire confiance.

Là encore, en dépit de ce que tout le monde croit, vous n'avez pas besoin d'années de thérapie pour régler ces questions-là. Vous avez uniquement besoin d'en prendre conscience et de faire preuve de compassion. Fouillez au plus profond de vous-même et voyez si vous traînez avec vous de vieux ressentiments. Prenez-en note et ne vous jugez pas pour ce que vous avez découvert. Tenez-vous-en strictement aux faits sans chercher à trouver le pourquoi du comment. En prendre réellement conscience est bien suffisant pour en faciliter la résolution. C'est vrai. Ne vous ai-je pas dit que ce serait facile ?

Et même s'ils l'ont fait...

Et maintenant, qu'en est-il si vous avez réellement connu une enfance difficile ? Si vous avez été victime de mauvais traitements ? En aucun cas, je ne veux dire par là que vous avez inventé ou incorrectement ressenti cette maltraitance. Des événements tragiques ou malheureux se produisent. Ce que je suggère ici, c'est que vous essayez de comprendre comment le fait de vous raccrocher à votre histoire peut avoir aujourd'hui des conséquences pour vous. Est-ce que cela vous empêche de rencontrer d'autres hommes ? Est-ce que vous traînez une histoire de votre passé dans votre vie d'aujourd'hui ? L'utilisez-vous pour vous préserver de connaître l'amour et la relation intime avec un homme comme vous le méritez ?

Oprah Winfrey a survécu aux mauvais traitements pendant son enfance. Au cas où vous ne l'auriez pas remarqué, rien ne peut arrêter cette femme irrésistible. Et Oprah, aussi étonnante qu'elle puisse l'être, est une femme comme vous et moi. Si elle peut le faire, nous pouvons nous aussi le faire ! Oprah voulait réellement évacuer son passé de façon que son irrésistibilité réelle puisse apaiser les autres. Il y a des millions d'autres femmes moins célèbres qui ont survécu à la maltraitance aussi et qui ont découvert la liberté en s'affranchissant du passé. C'est en pardonnant que l'on y parvient, à soi-même et aussi à ceux envers lesquels on peut encore avoir du ressentiment. À chaque instant, la vie nous offre la possibilité d'un nouveau départ. Profitez-en. Le passé est derrière vous. Il continuera à vous hanter si vous le laissez faire.

Aperçu des questions à vous poser

- Avez-vous du ressentiment à l'encontre de vos parents quant à votre enfance ? Combien de temps passez-vous à revivre votre passé ? Quel impact a-t-il sur votre vie ? Sur votre irrésistibilité ?
- Est-ce que le fait de vous raccrocher à l'histoire de votre enfance vous est bénéfique ? Est-ce que cela soutient votre vie ? Vivez-vous la relation de vos rêves ?

Défi

Notez les histoires tristes de votre enfance auxquelles vous vous raccrochez. Demandez-vous si elles sont exactes. Vos souvenirs peuvent-ils être déformés ? Avez-vous pensé au défi que cela représente d'élever une famille ? De remplir le frigidaire ? De tenir une maison, de bien gérer sa carrière professionnelle et d'élever des gamins ?

Même si votre histoire est factuelle, la question importante à vous poser est : et maintenant, que se passe-t-il ? Êtes-vous prête à évacuer votre passé pour laisser votre irrésistibilité s'épanouir complètement ? Quels cadeaux dérobez-vous au monde en restant retranchée dans votre passé ?

Êtes-vous prête à vous débarrasser de l'idée que vos parents vous ont mal élevée ? Êtes-vous prête à être une femme brillante, ambitieuse et irrésistible ?

Chapitre 8

Secret n° 5 : Larguez votre passé

La vérité en laquelle vous croyez et à laquelle vous vous accrochez vous rend sourd à ce qui se passe autour de vous.
Pema Chödrön, auteur et religieuse bouddhiste.

Chaque femme a sa propre histoire. Vous avez la vôtre, telle que vous vous en souvenez, qui commence dès votre naissance jusqu'à ce moment présent. Elle comprend tous les détails de votre enfance, votre famille, les écoles que vous avez fréquentées et, le plus important, les raisons qui ont fait de vous la femme que vous êtes aujourd'hui. Ce sont toutes ces choses qui font partie de vous et que vous croyez être vraies.

Nous avons toutes besoin de reconnaître que nos histoires sont bâties sur notre passé et qu'elles perturbent souvent nos relations, y compris notre irrésistibilité. Voyons cela de plus près.

Lorsqu'un homme vous demande de parler un peu de vous, c'est votre histoire personnelle qui est habituellement en première ligne. Cela inclut généralement des éléments très basiques comme votre âge, votre appartenance ethnique, votre éducation, votre idéologie politique, votre religion ou vos convictions spirituelles. Votre histoire inclut aussi vos défauts personnels et les manières de vous définir, par exemple : "Je ne suis pas belle/grande/mince/intéressante/assez jeune" ou "Les hommes ne me trouvent pas séduisante" ou "Je suis une femme forte et indépendante" ou encore "Je suis trop sensible". Voici un florilège des réflexions qui ressortent souvent :

- Je ne suis pas douée pour les relations.
- Je suis une mauvaise cuisinière.
- Je suis quelqu'un d'introverti.
- L'argent et moi nous ne faisons pas bon ménage.
- Je suis quelqu'un de bavard.

* Je ne suis pas séduisante.
* Je suis timide.
* Je suis paresseuse.
* Je suis trop vieille.
* Je suis trop jeune.

Nous pouvons dès lors en tirer quelques enseignements. D'abord, vous polluez votre présent avec des éléments de votre passé. Vous contaminez la fraîcheur et la spontanéité de chaque instant et vous limitez votre potentiel tout autant que votre irrésistibilité. Ensuite, vous vous racontez peut-être une histoire à dormir debout qui n'est pas forcément vraie. Par exemple, lorsque vous étiez au collège, un de vos professeurs a pu vous dire : "Tu es trop grande, Jen. Installe-toi au fond pour que les autres puissent voir." Il est tout à fait possible que, à l'âge de treize ans, vous ayez été grande pour votre âge. Toutefois, ça n'est peut-être pas le cas aujourd'hui alors que vous êtes devenue adulte. Et même si c'était le cas, en mettant en avant cette histoire de taille, vous encouragez tout le monde (et surtout les hommes) à se fixer sur ce qui vous obsède et que vous considérez comme un défaut.

Troisième point, vous restez engluée dans une prédiction qui se réalise parce que vous croyez dur comme fer à votre histoire et que vous ne tenez aucun compte des éléments qui ne viennent pas étayer votre point de vue. C'est comme si vous aviez des œillères et que vous ne réunissiez que les preuves de la véracité de votre histoire en écartant tout ce qui suggérerait le contraire. Si vous croyez par exemple que tous les hommes sont des tricheurs, vous allez effectivement éliminer toute information qui prouvera le contraire. En regardant une émission à la télévision, vous allez peut-être voir un homme en train de tromper une femme et vous vous direz : "Tu vois, ils sont tous comme ça." Sans vous en rendre compte, vous allez complètement écarter tous les exemples d'hommes fidèles parce que cela ne viendra pas renforcer votre point de vue.

De la même façon, si vous croyez que les hommes ne vous trouvent pas séduisante, vous ne remarquerez pas leurs discrètes avances romantiques ou leurs preuves d'intérêt. Vous pouvez tout à fait parler avec un homme et ne pas du tout réaliser que vous l'intéressez parce que vous êtes persuadée de ne pas être séduisante. Voyons maintenant comment l'histoire à laquelle croyait Sheila a complètement détruit son charme irrésistible.

Comment une note de 10 sur 10 a pu dégénérer en cauchemar ?

Ronnie a quarante-deux ans, il est célibataire. Il a une forte personnalité, il est bien bâti, bronzé et son regard est sombre et profond. Un soir, dans un bar huppé en plein New York, il rencontre Sheila, une superbe brune aux yeux noirs avec un corps de déesse, auquel beaucoup donneraient une note de dix sur dix. Sheila et Ronnie se plaisent tout de suite. Ils dansent ensemble et se sentent très attirés l'un par l'autre. Au bout d'une vingtaine de minutes de flirt informel et de plaisanteries, Ronnie jette un coup d'œil à sa montre et réalise qu'il est beaucoup plus tard que ce qu'il pensait. Il doit rentrer à Brooklyn pour sortir son chien.

Déçu, Ronnie dit à Sheila qu'il doit partir mais qu'il adorerait la revoir. À sa grande joie, elle aussi habite à Brooklyn et lui propose de se joindre à lui pour cette promenade nocturne. Ronnie est aux anges. Cette femme superbe qu'il venait de rencontrer rentrait avec lui pour promener son chien !

Ronnie et Sheila règlent leurs consommations et sautent dans un taxi. Ronnie se sent complètement fou. Il pense : "Elle est tellement géniale. Douce, fabuleuse, elle vit près de chez moi et elle aime les chiens." Il était seul depuis un moment et excité à l'idée d'avoir une nouvelle relation. Ce qui se passa ensuite fut atroce.

Pendant le trajet en taxi, Sheila commença à lui raconter son histoire. Depuis son enfance troublée jusqu'à la liste interminable de ses anciens petits amis pas si recommandables, Sheila déballa systématiquement tous les détails sordides de son passé à Ronnie en espérant créer un lien instantané et personnel avec lui. Entre deux histoires horribles, elle se débrouilla pour lui dire combien elle se sentait moche et elle ne cessa de demander à Ronnie comment il la trouvait.

Ronnie, ravi au départ de rentrer avec cette beauté, essayait maintenant tant bien que mal de trouver un moyen de s'éloigner d'elle. Il ne pouvait pas croire qu'une aussi belle femme puisse devenir si écœurante en quelques minutes. Les choses allèrent de mal en pis. Dès qu'ils arrivèrent à l'appartement de Ronnie, Sheila lui fit comprendre qu'elle voulait faire l'amour avec lui. Ronnie se sentit mal à l'aise. Il se sentit tellement rebuté par ses histoires qu'il la repoussa et lui demanda poliment de partir.

"C'était vraiment incroyable" raconta-t-il. "Cette femme absolument superbe était devenue en quelques minutes la plus abominable personne que j'aie jamais vue. Je n'avais pas du tout envie de faire l'amour avec elle ni même de la revoir simplement parce qu'elle traînait avec elle le poids de son passé."

Moralité ? Lâchez votre irrésistibilité en laissant tomber votre histoire. Votre histoire, ce sont vos ex (petits amis, maris), votre enfance, tout autant que les idées que vous vous faites et qui vous enferment (vous n'êtes pas très séduisante, vous n'êtes pas assez bien…).

Si c'est chronique chez vous, apprenez à lâcher prise et remarquez ce qui se passe autour de vous. Parlez de nourriture, du décor, de la musique, d'amis en commun, de films ou d'événements particuliers. Partagez ce qui vous passionne. Laissez aux hommes la possibilité de connaître celle que vous êtes maintenant par rapport à l'histoire soigneusement répétée de votre passé. Lorsque vous y faites allusion, faites-le en ayant conscience de vous-même. Ne vous mettez pas en position de victime, ne racontez pas les événements tragiques comme s'ils signifiaient quelque chose (parce que ça n'est pas le cas). Soyez consciente que chaque expérience que vous avez connue a fait de vous celle que vous êtes maintenant, qu'elle a été utile à votre propre évolution. Le passé est derrière vous. Mort. Enterré. Votre vie est là, près de vous. Lorsque vous lâchez votre passé et que vous vous autorisez simplement à être celle que vous êtes maintenant, vous devenez instantanément plus vivante, plus engagée et plus irrésistible.

Attention, lâcher votre passé ne signifie pas que vous ne pouvez pas en parler. Soyez simplement consciente de la manière dont vous le faites. Ne vous plaignez pas, ne vous mettez pas dans la position de la victime. Exprimez-vous en dehors de toute dramatisation et de tout reproche.

Défi

Quelle est votre histoire ? Notez les idées, les croyances et les théories que vous avez accumulées au fil du temps et que vous pensiez être vraies jusqu'à ce que vous lisiez ce livre.

Maintenant, réfléchissez-y. Vous êtes-vous raconté une histoire à dormir debout ? Comme celle de Sheila ? Avez-vous un jeu de doléances sous la main que vous débitez pour prouver que vous avez surmonté vos difficultés ou que vous avez eu du mal à survivre dans l'espoir de créer une intimité ou de l'admiration de la part d'un homme ? Quelle femme irrésistible seriez-vous si vous laissiez tomber votre passé ? Comment vous sentiriez-vous en étant plus authentique et plus solide ? Délivrée de votre passé, comment rendriez-vous plus facile à un homme le fait d'avoir simplement envie de vous ?

Chapitre 9

Secret n° 6 : Cessez de vous plaindre et engagez vous. Comment et où rencontrer davantage d'hommes en étant plus efficace ?

Vous contrôlez les éléments de votre vie dont vous avez conscience, ce sont les éléments dont vous n'avez pas conscience qui vous contrôlent.
Anthony De Mello, prêtre jésuite, auteur.

Avez-vous remarqué que vous perdez beaucoup de temps lorsque vous vous plaignez (que ce soit à voix haute ou dans votre tête) soit d'être trop occupée soit de ne pas savoir où rencontrer d'autres hommes ? Je vais vous confier un secret : vous perdez tous les jours des opportunités de rencontrer des hommes de qualité et vous ne le savez même pas ! Il y a une loi en physique qui dit que deux éléments ne peuvent pas occuper le même espace en même temps. En d'autres termes, soit vous pouvez vous plaindre de votre vie et du fait que vous n'avez pas le temps de rencontrer des hommes, soit vous pouvez vivre votre vie et rencontrer des hommes. Vous ne pouvez pas faire les deux choses en même temps.

Lorsque vous pensez que tout va mal dans votre vie, le niveau de votre irrésistibilité s'effondre de manière sensible. Peu importe les raisons de votre grogne : le temps qu'il fait, la circulation, votre travail, une mauvaise journée, les hommes, les femmes, vos parents, le président, etc. Tous autant qu'ils sont auront le même effet tragique sur vous.

Voici ce qui se passe : lorsque vous vous plaignez en intériorisant tout, vous êtes perdue dans vos pensées. Lorsque vous êtes plongée dans vos pensées, vous ratez ce qui se passe autour de vous. Au lieu d'avoir votre attention tournée sur l'extérieur, vous êtes préoccupée par vos pensées intérieures (je fais allusion ici à vos plaintes continuelles) et vous perdez ainsi toutes sortes d'opportunités de rencontrer des hommes.

Mettons les points sur les i : lorsque vous êtes perdue dans vos pensées, vous verrouillez tout, vous envoyez un message clair "Je ne suis pas disponible". Vous réduisez toute probabilité de rencontrer quelqu'un parce que spirituellement, vous n'êtes pas ouverte à l'échange.

De l'intérêt d'abandonner votre drame personnel

Se plaindre, en silence ou à voix haute, est un motif majeur pour repousser les hommes. Lorsque vous vous plaignez, vous affirmez que la vie n'est pas telle qu'elle devrait être. Cela vous place en position de victime et crée stress et anxiété dans votre corps. Ce stress a un impact négatif sur votre apparence : vieillissement prématuré, problèmes d'acné ou de psoriasis et une augmentation de l'hormone du stress dans le corps qui favorise la graisse au niveau de l'abdomen.

Cela étant, les hommes sont attirés par d'autres choses que l'apparence chez une femme. Ils sont attirés par ce que vous leur faites ressentir. Les femmes qui ne se plaignent pas donnent aux hommes une sensation de bien-être parce qu'elles-mêmes se sentent bien.

Comment rencontrer davantage d'hommes ?

Vous voulez connaître la façon la plus simple qui soit pour rencontrer davantage d'hommes ? Arrêtez de vous plaindre et lancez-vous. C'est exact. Vous pouvez rencontrer d'autres hommes partout, dès aujourd'hui. C'est votre attitude qui compte le plus. Au lieu de vous livrer à une séance privée de gémissements, apprenez à diriger votre attention sur ce qui se passe autour de vous et commencez à vous lier avec tous ceux qui sont autour de vous. Juste pour vous amuser. Peu importe qu'il s'agisse d'hommes ou de femmes, jeunes ou vieux, mariés ou célibataires. Commencez simplement à échanger avec les autres au lieu de rester perdue dans vos pensées. Cela peut être le facteur, le banquier, l'épicier, les personnes qui sont derrière le comptoir chez Starbucks, les gens qui fréquentent le même club de gym que vous, des flics, des professeurs ou les passants qui traversent la rue avec vous.

Ne vous inquiétez pas de ce que vous allez dire. Un simple bonjour et un sourire seront vos seuls outils. Oubliez de vous plaindre et redirigez votre énergie irrésistible sur les autres. Faites-leur plaisir en souriant, sans chercher à tout prix une raison de le faire. Rendez service. Tenez une porte, offrez une place assise ou tendez la main. Bénissez en silence les personnes qui vous entourent. Vous serez surpris de voir ce qui se passera. Vous commencerez à rencontrer des gens tout le temps et vous vous sentirez étonnamment plus énergique et plus vivante. Des événements synchrones se produiront plus souvent. Vous serez en parfaite harmonie avec le monde entier et vous remarquerez que la vie est beaucoup plus facile.

Lorsque vous cessez de ne penser qu'à vous et de ressasser toujours les mêmes pensées, les personnes autour de vous le remarquent. Des rencontres occasionnelles se transforment souvent en amitiés, des relations professionnelles voire amoureuses peuvent se nouer aussi. Vous communiquerez mieux, de façon plus naturelle, et vous vous sentirez inexplicablement mieux dans votre peau et plus détendue aussi.

Prenez l'habitude de vous impliquer auprès de votre entourage au lieu de rester prisonnière de vos plaintes. Concentrez-vous sur le moment présent et vous vous entraînerez à être à la fois plus expressive et plus vivante, deux qualités qui sont naturellement irrésistibles. C'est un engagement plein et total. Vous engager complètement signifie que votre présence – mentale, émotionnelle, physique tout autant que votre énergie spirituelle – est réelle dans tout ce que vous faites. Peu importe que vous soyez en train de faire la queue au guichet de votre banque ou que vous receviez des amis à dîner. Donnez toute votre attention aux autres. Cela signifie vivre dans l'instant et non dans votre tête. Pensez à participer. Affirmez votre présence. Au lieu de perdre du temps à vous noyer dans vos pensées, vivez votre vie en pleine conscience et avec enthousiasme. Lorsque quelqu'un a besoin d'un volontaire, levez la main. Lorsque vous entendez de la musique, dansez. Lorsqu'il faut faire la vaisselle, faites-la.

Pour faire durer l'irrésistibilité, il faut vous habituer à vous engager complètement, minute par minute, dans tout ce que vous faites. Vous ne pouvez pas faire semblant d'être complètement engagée pour essayer d'avoir un rendez-vous avec un homme ou pour en rencontrer beaucoup d'autres. Vous devez être authentique. Faites-en l'expérience pour le simple plaisir et la satisfaction qui viennent d'une conscience réelle de soi et qui font vraiment partie de votre vie.

Pour être irrésistible de façon authentique, il faut être vivante et engagée. La manière la plus facile d'y parvenir, c'est de sortir de vous-même et de vous sentir bien dans votre vie. Parlez aux autres sans réfléchir. Liez-vous à tout le monde, y compris aux animaux ou aux plantes. Partagez-vous. Soyez complètement vous-même.

Aperçu des questions à vous poser

- Vous plaignez-vous souvent de choses sur lesquelles vous n'avez absolument aucun contrôle, par exemple le temps qu'il fait et la circulation ? Est-ce que cela vous aide ?
- Avez-vous réellement à cœur de regarder la façon dont votre vie se trouve gâchée par vos plaintes ? Combien

d'hommes pourriez-vous rencontrer si vous cessiez de vous plaindre et regardiez mieux autour de vous ?

* Quelles autres sortes de relations pourriez-vous développer ? Amicales ? Professionnelles ?

Défi

Cessez de vous plaindre pendant une journée. C'est une façon amusante de prendre conscience du temps que vous passez à vous plaindre dans votre vie. Vous pouvez faire l'exercice seule ou avec des amis. Pendant une journée entière, ne vous plaignez pas, que ce soit du temps qu'il fait, de votre corps, des hommes, de votre travail, de vos collègues, des hommes politiques ou de l'argent. Chaque fois que vous vous surprenez à vous plaindre dans votre tête ou à voix haute, arrêtez tout.

Chapitre 10

Secret n° 7 : Choisissez une vie et gardez-la, ou comment l'amener à vouloir encore plus ?

Si vous attendez quelque chose pour pouvoir vivre et aimer sans rien maîtriser, vous souffrez. Chaque instant qui passe est le moment le plus important de votre vie.
David Deida, auteur.

L'un des secrets les plus importants pour attirer les hommes, c'est d'avoir et de garder une vie pleine et entière. Il ne s'agit pas de manipulation, mais d'un authentique sens de la confiance en soi et de la motivation intérieure. Voici ce qui arrive souvent lorsque vous commencez à fréquenter quelqu'un que vous aimez vraiment. Vous êtes excitée et vous ressentez l'urgence de le voir tout le temps. Petit à petit, vous sentez que vous ne passez pas autant de temps avec vos amis, votre famille ou même à votre travail. Aller faire du sport ou vous livrer à vos passe-temps favoris passe au second plan ; vous préférez voir le nouvel homme de votre vie. En fait, le temps que vous passez ensemble commence à tourner de plus en plus autour de ses propres centres d'intérêt au détriment des vôtres. Par exemple, s'il est un grand supporter d'événements sportifs, vous passez beaucoup plus de temps dans les bars qui retransmettent des matchs ou bien à regarder des matchs chez ses amis.

Au bout de quelques semaines, la relation devient le point central de votre vie. Au début, vous avez l'impression de vivre un rêve. Mais au bout de quelque temps, vous remarquez des changements qui ne sont pas si merveilleux que cela. Vos amis ne vous appellent plus (parce que vous n'êtes jamais disponible), vous avez un peu grossi et vous ne vous sentez plus si énergique ou séduisante. Aller travailler n'est plus aussi excitant qu'avant. En peu de mois, vous vous sentez engourdie et pleine de ressentiments, même si vous ne savez pas très bien pourquoi. Le sexe n'est pas aussi bien qu'avant. Il commence à être un peu distant. Là devant vos yeux, cette merveilleuse nouvelle relation commence en quelque sorte à ressembler à n'importe quelle autre relation que vous avez connue avant.

Cela vous dit quelque chose ? Nous sommes nombreuses à nous être retrouvées, quelques semaines ou mois après le début d'une nouvelle relation, perdues et perplexes, à penser : "Qu'est-ce que c'est que ça ?" Vous vous êtes perdue, c'est aussi simple que cela. Au lieu de rester présente dans votre vie et d'y inclure votre nouvelle relation, vous avez fait l'erreur fatale de faire la danse du bretzel et de vous contorsionner pour être celle que vous avez supposé qu'il voudrait pour faire durer la relation et le rendre heureux.

Cette approche ne fonctionne jamais. Modifier votre comportement ou être différente de celle que vous êtes vraiment est le prélude à un véritable désastre. Il est attiré par vous, celle que vous êtes réellement, telle que vous êtes, et pas par une femme qui n'a que lui dans sa vie. Voici quelques exemples à ne pas suivre :

- changer vos plans avec vos amies pour être avec lui (surtout si vous vous mentez à vous-même ou à vos amies à ce sujet) ;
- aller travailler plus tard et/ou partir tôt ;
- ne plus faire de la musculation parce que c'est plus facile de rester au lit et de se faire un câlin ;
- renoncer à vos activités (cours, associations, ateliers) pour lesquelles vous avez une passion ;
- laisser tomber le lien avec votre famille et vos amis ;
- lui consacrer tout votre temps ;
- vous laisser aller.

Souvenez-vous, vous êtes un individu unique. Vous avez un objectif sur cette terre. Vous plier en quatre pour vous conformer à ce que vous pensez être son idée ne vous mènera à rien. Faites-moi confiance, je sais combien cela peut être excitant et enivrant de rencontrer quelqu'un que l'on aime vraiment. Vous voulez passer chaque minute avec lui. Attention, je ne suis pas du tout en train de vous suggérer de vous réprimer, de retenir votre passion ou de vous dire de façon arbitraire de ne pas passer du temps ensemble. Je vous suggère de considérer d'autres alternatives.

Essayez d'inclure votre nouvelle aventure dans votre vie de tous les jours. Élargissez votre monde. Ne le réduisez pas pour vous adapter au sien. Soyez consciente du fait que si vous passez du temps sans lui, vous en avez tout à fait le droit. Si ça n'est pas le cas, alors ça n'est sans doute pas le genre de relation que vous voulez. Le temps que passe chacun sans être avec l'autre dans une relation entre adultes à part entière ne fait que renforcer l'échange et la relation sexuelle.

Mais vous pouvez aussi avoir une vie riche avec un travail satisfaisant, de bons amis, une famille aimante et une excellente relation avec un homme qui vous plaît. En fait, c'est le seul moyen permettant à une bonne relation de devenir véritablement magique. Mais comprenez bien qu'avoir une vie qui vous plaît et la conserver n'est pas la même chose que vous faire désirer pour l'obtenir.

Pourquoi "vous faire désirer pour l'obtenir" ne marche pas ?

Beaucoup de livres consacrés aux rencontres ont encouragé la tactique qui consiste à se faire désirer pour manipuler les hommes et faire qu'ils soient intéressés et attirés. C'est malhonnête et cela renforce l'idée fausse selon laquelle une relation devra d'une manière ou d'une autre vous sauver ou vous compléter. Si vous vous faites désirer pour y parvenir, cela peut fonctionner pendant un temps, mais cela ne produira jamais une relation d'amour sur le long terme, authentique et satisfaisante telle que vous le voulez vraiment. Tôt ou tard, les choses commenceront à changer. Vous commencerez à lui mettre la pression, d'une manière ou d'une autre, pour qu'il passe plus de temps avec vous. Lorsqu'il refusera, vous vous sentirez seule et blessée. Vous vous demanderez ce qui va mal dans la relation.

Vous commencerez alors à vous sentir jalouse et angoissée. Vous décortiquerez tout et vous passerez beaucoup de temps à échafauder des moyens pour l'amener à vous prouver combien il tient à vous. Il se sentira déconcerté et rebuté. Légitimement, il se demandera ce qui est arrivé à la femme "difficile à avoir" qui avait sa vie à elle. Au bout d'un moment, il se dégagera, deviendra distant et donnera de moins en moins de lui jusqu'à ce que cela dégénère en grosse dispute et vous vous demanderez pourquoi il a changé.

Avoir votre propre vie et la préserver = une irrésistibilité authentique

Voici une nouvelle idée que vous voudrez sans doute noter. Avoir votre vie à vous est irrésistible parce que cela vous empêche (et lui aussi) de vous perdre dans la relation. Si vous imaginez que les gens sont comme des batteries rechargeables, avoir votre propre vie vous garde complètement rechargée. Lorsque vous consacrez tout votre temps et votre attention sur l'autre, vous n'avez aucune possibilité d'être naturellement rechargée par la vie : cela peut être par d'autres amis, des activités, des aventures, la nature, le monde d'une façon générale. Votre énergie se réduit. Cela se voit dans votre apparence et dans votre manière de ressentir les choses. Vous commencez à lui retirer de l'énergie et il se sent fatigué et plein de ressentiment. Les conversations deviennent ennuyeuses. Vous commencez à vous montrer tatillonne et à l'asticoter. "Que veux-tu faire ?" et "Je m'en moque, comme tu veux" semblent être tout ce que vous avez à vous dire.

Lorsque vous consacrez tout votre temps, votre énergie et votre attention l'un à l'autre, cela vous vide tous les deux et cela ronge lentement ce qui aurait pu être une relation merveilleuse. Avoir votre propre vie est une façon naturelle de vous concentrer sur vous-même. Cela vous donne beaucoup plus à offrir à votre partenaire et aux autres personnes importantes qui sont dans votre vie.

Soyons honnêtes. Le succès est séduisant. Lorsque vous avez une vie inspirée et énergisante, les hommes vont vous trouver naturellement irrésistible parce que vous l'êtes vraiment. Investissez dans votre santé, créez une communauté, faites la différence, apprenez de nouveaux savoir-faire, amusez-vous et partagez votre temps avec les autres. C'est ce qui lui donnera envie d'avoir plus, encore plus.

Les hommes ne sont pas différents des femmes sur ce point-là. Ils veulent être avec quelqu'un qui est expressif, engagé et actif dans sa vie. Ils veulent une femme qui peut leur présenter de nouvelles choses, qui soit à la fois intéressée et intéressante.

Soyez la reine du succès et de l'argent

Pour avoir la vie que l'on veut et la garder, il faut mettre son énergie à être une reine du succès et de l'argent. J'ai entendu cette expression pour la première fois dans le fantastique livre de Karen Salmanshohn : *The 30-Day Plan to Whip Your Career into Submission* (*30 jours pour doper votre carrière*). Voici comment faire : soyez une star au travail. Je me moque de savoir si vous travaillez chez McDonald ou si vous êtes à la tête d'une entreprise classée dans *Fortune*. Faites tout à fond, de façon parfaite. Soyez à l'heure, tout le temps. Faites ce que vous dites. Apportez des idées. Soyez attentive aux personnes qui sont autour de vous. Résolvez les problèmes. Soyez un agent du changement. Soyez la meilleure dans votre entreprise ou la meilleure du monde !

Si vous avez pensé changer de profession, vous avez encore davantage de raison de briller dans votre emploi actuel. Travailler brillamment aujourd'hui vous soutiendra pour aller vite à la fois au niveau mental et énergétique dans votre nouvel emploi. Cela créera aussi un bon karma. Au moment où vous quitterez votre emploi et si vous le faites réellement, votre employeur actuel sera heureux de vous soutenir en vous donnant une bonne référence et laissera même la porte ouverte à du travail supplémentaire dans l'avenir.

Si vous êtes un entrepreneur, regardez comment vous pouvez augmenter votre chiffre d'affaires. Y a-t-il un nouveau produit ou un service que vous vouliez proposer ? Comment pouvez-vous amener des admirateurs en rendant votre service clients performant ? Comment pouvez-vous atteindre plus de personnes avec votre produit ou votre service ? Pouvez-vous toucher des milliers voire des millions de personnes supplémentaires ?

N'oublions pas le succès et l'argent. Avoir la vie que l'on veut et la garder sous-entend aussi avoir une bonne santé financière. C'est essentiel : beaucoup de femmes tardent à prendre en charge leur vie financière parce qu'elles croient (ou ont été culturellement conditionnées pour le croire) qu'un homme viendra pour s'en occuper à leur place. C'est le prélude au désastre. Vous êtes une femme intelligente et capable. Si vous voulez vraiment donner libre cours à votre irrésistibilité, occupez-vous de votre santé financière maintenant et ne vous arrêtez pas dès que vous commencez à entretenir une relation.

Si gérer de l'argent vous est difficile, je vous recommande mon coach financier favori : David Bach. Il est l'auteur de plusieurs best-sellers, comme *The Automatic Millionaire, Smart Women Finish Rich* et *Smart Couples Finish Rich* (*Le millionnaire automatique*, *Les femmes astucieuses finissent par devenir riches* et *Les couples astucieux finissent par devenir riches*). Son avis est clair et direct et, ce qui est le plus important, ça fonctionne.

Souvenez-vous : chaque relation est une opportunité soit pour découvrir davantage de votre individualité et vous développer en tant qu'être humain, soit pour faire la danse du bretzel et devenir une version raccourcie de vous en vous basant sur ce que vous pensez que veut votre partenaire. Malgré ce que vous pouvez penser, votre partenaire est attiré par la vraie femme qui est en vous – celle qu'il a rencontrée au départ – et non par la version tordue que vous pensez devoir être.

Lorsque vous vous engagez à être vous-même dès le départ et à communiquer votre propre vérité, vous évitez le drame, l'angoisse de ne pas savoir où vous en êtes que beaucoup de femmes connaissent tous les jours. La plupart des femmes ont peur d'être vraies parce qu'elles croient à tort qu'il leur manque quelque chose. Cette idée de croire "Je ne suis pas assez..." est non seulement inexacte mais elle nuit aussi à votre bien-être et à votre capacité à avoir une relation aimante et satisfaisante.

Être vous-même et énoncer votre vérité dès la première rencontre est le secret sur lequel reposent les relations naturelles et authentiques. C'est aussi la clé pour maintenir votre irrésistibilité.

Soyez vous-même. Dites ce qui fonctionne pour vous et ce qui ne marche pas. Commencez dès le premier jour et ne vous arrêtez jamais. C'est l'étape la plus importante que vous puissiez franchir au début de toute relation pour la consolider sur le long terme.

Ne confondez pas la longévité avec le succès d'une relation. Ce n'est pas parce qu'une relation dure de nombreuses années qu'elle réussit. Beaucoup de couples s'accrochent à une existence sans vie et misérable qu'ils appellent relation parce que les individus ont trop peur d'être seuls ou de devoir faire face à l'incertitude de l'inconnu. Vivre une vie de désespoir tranquille dépourvue d'amour véritable, de passion et d'échange spirituel n'est pas mon idée du succès.

Encore une fois, les relations sont la plus belle opportunité qui soit pour le développement spirituel et l'évolution d'un individu. Elles sont là pour que nous puissions nous découvrir nous-mêmes, éveiller nos cœurs et estomper les barrières que nous avons érigées pour nous protéger de l'amour. Toute relation que vous avez eue, ou que vous aurez, est là pour vous rapprocher de votre moi et de votre capacité à connaître et à exprimer le meilleur de celle que vous êtes.

Défi

Servez-vous de ce chapitre pour élargir vos possibilités de ce que signifie vivre une vie pleine et entière. Soyez consciente qu'il est possible de l'obtenir. Habituez-vous à l'idée d'inclure des nouveautés dans votre vie au lieu de leur faire barrage. Pensez "ensemble" plutôt que "moi".

* Suivez un cours ou un atelier que vous vouliez faire sans avoir jamais osé le faire. Arrêtez d'attendre un jour et commencez à vivre votre vie maintenant.
* Déterminez comment vous opérez dans le travail et avec l'argent. Vous êtes-vous retenue d'investir dans votre carrière ou votre santé financière ? Quelles étapes devez-vous franchir pour devenir une reine du succès et de l'argent ?
* Habituez-vous à respecter ce que vous dites, vis-à-vis de vous-même et des autres, que vous ayez ou non une relation à l'instant présent. Lorsque vous dites que vous allez faire du sport, allez-y. Lorsque vous dites que vous passerez à une soirée, faites-le. Cela renforcera votre pouvoir personnel et lorsque vous aurez une relation suivie avec quelqu'un, vous serez habituée à respecter votre parole.

Chapitre 11

Secret n° 8 : Un emballage superbe. Ou comment être une fille délicieuse, en mettre plein la vue et lui suggérer "On va chez moi ?"

Le seul pêché que l'on puisse commettre à l'encontre de la vie, c'est d'abuser et de détruire la beauté, même la sienne parce qu'elle nous a été confiée et que nous en sommes responsables.
Katherine Anne Porter, gagnante du prix Pulitzer.

Soyons honnêtes ! Cela n'a aucune importance que nous soyons une jolie fille ; il est difficile pour celles d'entre nous à qui cela demande un peu d'effort de s'en sortir et de se sentir fabuleuses dans ce jeu de la séduction. Nous sommes bien d'accord que le fait d'être vous-même est définitivement plus important que votre apparence lorsqu'il est question d'irrésistibilité (vous vous souvenez de cette pauvre Sheila ?). Pourquoi alors saboter votre irrésistibilité lorsque ça n'est pas nécessaire ?

L'emballage parfait, c'est l'art de rendre votre apparence naturelle et irrésistible, comme la suite logique à la jolie fille que vous êtes déjà en vous. Pour celles d'entre vous qui pensent bien maîtriser la question, je vous invite à lire ce qui suit.

Qu'avez-vous à vendre ?

Que vous le vouliez ou non, nous nous vendons vingt-quatre heures sur vingt-quatre. Notre apparence vend des informations, par exemple notre statut de femme mariée, notre profession, notre valeur financière, notre niveau de confiance en nous, notre âge, notre religion, notre groupe ethnique, notre intelligence, pour n'en citer que quelques-unes. Les vêtements que vous portez, votre façon de vous coiffer, ainsi que votre manière de vous habiller en disent plus long sur vous que les mots que vous pourrez prononcer.

La plupart d'entre nous ne voyons pas du tout ce que nous vendons simplement parce que nous sommes habituées à être nous-mêmes. Nous sommes inconscientes de la façon dont les autres nous perçoivent ; et nos amis, notre famille et nos collègues pensent souvent qu'ils n'ont pas à donner leur avis, même si cela pouvait transformer nos vies. En un sens, c'est un peu comme si nous regardions un épisode du reality show de Donald Trump "The Apprentice" (L'élève). Les concurrents n'ont souvent aucune idée de l'impression difficile, ingérable, loufoque, puérile et impolie qu'ils peuvent donner. Ils sont simplement eux-mêmes. Mais pour tous ceux qui regardent, c'est clair comme de l'eau de roche.

De la même manière, beaucoup de femmes restent accrochées à un style de vêtements ou à une coiffure et oublient d'avancer avec la mode. D'autres porteront toujours des vêtements informes. D'autres présentent un ventre mou alors que, dans la réalité, elles devraient le couvrir et montrer plutôt leurs bras bien proportionnés. Et puis il y a un certain nombre de personnes qui n'y connaissent simplement rien à la mode, et malheureusement, il n'y a personne autour d'elles pour le leur dire.

Heureusement, vous n'avez pas besoin d'une émission de télévision pour découvrir l'art du bel emballage. Tout ce dont vous avez besoin, c'est d'un esprit ouvert, d'une envie d'explorer et d'une volonté d'essayer de nouvelles possibilités. Une amie pleine de bon sens ou un professionnel de l'image peut rapidement et sans peine vous aider à vous regarder sous un nouveau jour. Comme l'a découvert ma cliente Heather, vous pouvez vendre deux discours, soit le "Viens, chéri ! Je suis à toi" ou le "Ça ne m'intéresse pas du tout !"

L'histoire d'Heather

Un jour, j'ai eu Heather en face de moi. C'était une consultante spécialiste de l'environnement, d'une quarantaine d'années. Elle m'a déclaré qu'elle était prête à avoir une relation avec un homme. Sa carrière se déroulait bien, elle avait un appartement à New York et sa vie sociale était tout à fait satisfaisante. Elle m'a demandé : "Quelle est mon erreur, Marie ? Les garçons semblent ne pas s'intéresser à moi."

Je lui ai répondu : "Je ne suis pas surprise. Vous ne vendez pas le discours de la fille qui cherche une relation. Vous êtes plutôt dans celui de la femme qui a la quarantaine, pépère, qui ne s'intéresse pas du tout aux hommes." Personne ne voyait la jolie fille qu'elle était parce qu'elle le cachait soigneusement derrière une apparence catastrophique. Heather était une femme séduisante, attachante, qui avait du succès. Mais elle dissimulait son corps voluptueux et bien proportionné sous des jeans taille haute qui ne lui allaient pas et des tee-shirts d'homme trop grands et défraîchis. Elle portait des sabots marron poussiéreux et un fichu jaune autour de la tête. Pas exactement une apparence attirante. Heather voulait un retour honnête et n'a pas été blessée par mes remarques. Elle s'est regardée et a découvert, avec ironie, qu'elle était carrément mal fagotée, de quoi tenir les hommes à distance. Alors qu'elle pensait avoir envie d'une relation avec un homme, elle était terrifiée dans la réalité à l'idée du rejet possible qui existe dans le jeu de la rencontre. Pourtant, à ce moment-là, Heather a compris que son désir d'amour et de relations intimes l'emportait sur sa peur d'être rejetée. En ne se jugeant pas toutefois sur ce qu'elle venait de découvrir, elle se passionna tout de suite pour se trouver une apparence plus avenante. Depuis notre conversation, Heather a commencé à porter des tops plus colorés et féminins, ainsi que des jupes fluides qui mettaient en valeur sa silhouette voluptueuse. Elle troqua ses sabots pour de superbes sandales et autres chaussures confortables de qualité. Le choix de ses vêtements et de ses accessoires est aujourd'hui plus approprié à la belle femme qu'elle est. Elle ne porte plus de fichus, elle laisse tomber naturellement sur ses épaules ses superbes cheveux bouclés. Elle prend régulièrement des leçons de salsa et va faire les boutiques avec des amies très au fait de la mode, qui l'aident à trouver des vêtements qui conviennent à son budget et à son corps.

Quelle leçon pouvons-nous tirer de cette histoire ? Et bien, votre apparence a un impact sur ce que vous ressentez. Vous pouvez trouver l'emballage qui va soit soutenir votre irrésistibilité intérieure, soit la gommer complètement. Soutenir votre irrésistibilité ne veut pas dire vous habiller de façon provocante, sans tenir compte de votre âge ou de vos goûts. Il s'agit de prendre soin de vous de façon que vous puissiez satisfaire à la fois votre désir d'être irrésistible et celui d'avoir des relations satisfaisantes avec les hommes. Il s'agit de prendre conscience de votre façon d'exprimer celle que vous êtes par le biais de votre apparence.

L'emballage parfait vient de la prise de conscience. Voici quelques questions à vous poser :

- Portez-vous des vêtements qui vous rendent séduisante ou bien priez-vous pour que quelqu'un remarque votre richesse intérieure sous les couches de tee-shirts, sweats et jeans informes ?
- Quand avez-vous pour la dernière fois jeter un coup d'œil dans votre penderie pour vous débarrasser de tout ce qui était vieux, moche et peu flatteur ?
- Portez-vous du maquillage ? Quand avez-vous renouvelé vos produits ?

- Qu'en est-il de votre silhouette ? Entretenez-vous votre corps ou bien vous cachez-vous derrière quelques kilos ?
- Savez-vous comment vous habiller d'après votre morphologie ? Savez-vous quel genre de vêtement vous ne devriez pas porter ?

Les ressources disponibles

Pour avoir une belle allure, il s'agit simplement de savoir tirer parti de ce que nous avons déjà. Apprenez à utiliser vos acquis à votre avantage. Vous avez le choix de louer les services d'un spécialiste de l'image. Il vous aidera à regarder dans votre garde-robe et à ne conserver que les vêtements qui vont conviennent. Certains pourront aussi vous accompagner dans les boutiques pour vous aider à acheter de nouveaux vêtements et à mélanger les styles qui pourront vous aller depuis votre arrivée au bureau jusqu'à votre soirée.

Moins onéreux, vous pouvez consulter des guides pratiques. Je recommande particulièrement le *What Not to Wear gals* de Trinny Woodall et Suannah Constantine. On les voit souvent chez "Oprah", elles ont écrit plusieurs ouvrages destinés à aider les femmes à choisir leurs vêtements et à en tirer le meilleur avantage possible. Trinny et Susannah sont d'excellents guides qui vous aideront à tirer parti de ce qui vous convient le mieux dans votre garde-robe. Elles vous montreront, étape par étape, que changer votre façon de vous habiller peut réellement changer votre vie.

Les magazines peuvent aussi être une bonne source d'inspiration et un guide parfait pour bien se débrouiller dans le monde de la mode. Regardez les magazines qui vous donnent des adresses de sites Internet, des numéros de téléphone, des adresses de boutique et les prix des articles exposés. Beaucoup de magazines proposent aussi le même style de vêtements à différents prix pour s'adapter à chaque budget. Enfin, ne sous-estimez jamais le pouvoir de la mode. Invitez quelques bonnes amies à vous aider à mettre votre garde-robe à jour et trouvez ce qui vous convient le mieux.

Les cheveux et le maquillage

Comme vos vêtements, vos cheveux et votre maquillage jouent un rôle important dans la confiance que vous avez en vous ainsi que dans votre séduction. Avec l'avalanche de produits cosmétiques qui sont disponibles sur le marché, il est facile de se sentir dépassée et d'acheter tout ce qui est nouveau. Un moyen simple de trouver quel maquillage vous convient le mieux est de vous rendre sur le stand beauté d'un grand magasin. Voici comment faire : choisissez une marque qui vous semble convenir à votre style et qui rentre dans votre budget. Prévoyez une leçon de maquillage et soyez claire quant à votre objectif. Si vous prévoyez de n'acheter qu'un ou deux produits, faites confiance à l'expérience de la maquilleuse. Elle appréciera votre honnêteté. Notez bien comment appliquer les produits pour que vous puissiez le refaire ensuite chez vous. Si un produit haut de gamme sort de votre budget, vous pouvez obtenir des résultats similaires en allant dans une boutique plus généraliste, supermarché ou autres. Trouvez de l'inspiration dans les magazines, notez les recommandations sur les produits, les suggestions de couleurs et autres modes d'emploi.

J'aime les choses simples. Une touche de gloss, une couche de mascara et un soupçon de couleur sur les yeux et les joues peuvent vous rendre fabuleuse en quelques minutes. Lorsqu'il s'agit de maquillage, gardez la main légère. Un peu de maquillage appliqué avec soin est la meilleure garantie qui soit. Les femmes sont naturellement belles, surtout lorsqu'elles savent prendre soin d'elles.

En ce qui concerne vos cheveux, visez haut. Une bonne coupe de cheveux mettra en valeur les traits de votre visage et vous fera gagner du temps et de l'énergie lorsque vous vous préparerez tous les matins. Faites une coupe d'entretien au moins toutes les six semaines, plus souvent si vous faites une couleur ou des mèches. J'aime utiliser les produits que me recommande ma coiffeuse. Cela évite les hésitations, et pour quelques euros de plus, une apparence impeccable continuelle le vaut bien.

Tout a de l'importance

Les femmes irrésistibles font attention à tous les détails. Habituez-vous à prendre soin de vous comme si vous étiez un diamant magnifique qui brille avec un coup de chiffon. Engagez-vous à ce que tout soit parfait, surtout vous.

Dans la vie, chaque détail compte. C'est la même chose avec votre apparence. Une belle peau est tout aussi importante que des cheveux brillants. De belles chaussures sont aussi importantes que de beaux vêtements. Un beau soutien-gorge est aussi important que de belles chaussettes. Fouillez dans votre garde-robe, votre placard à cosmétiques et votre boîte à bijoux. Cherchez ce qui est déchiré, taché, ou trop porté et qui n'est pas réparable. Débarrassez-vous de tout ce qui ne vous avantage pas. Faites l'inventaire de vos chaussures, de vos sacs, de vos dessous. Gardez l'œil ouvert sur les articles qui sont usés ou qui ne vous vont plus. Si vous vous sentez mal à l'aise en portant quelque chose ou si vous vous sentez embarrassée à l'idée que quelqu'un puisse vous voir ainsi, n'hésitez pas à jeter.

Soyez consciente de tous les détails et engagez-vous à garder toujours votre apparence propre et impeccable. Attention, je ne suis pas en train de vous dire de devenir obsédée par la perfection, mais prenez conscience du *bien-être* personnel et du sentiment de satisfaction lorsque tout est soigneusement entretenu.

N'oubliez pas de vous jauger, avec bienveillance s'entend. Mettez-vous devant la glace et observez votre peau, vos sourcils et vos dents. Si vous pouvez vous servir d'une aide professionnelle, allez-y. Faites-vous faire un soin du visage, faites épiler vos sourcils et allez chez le dentiste. En tant que fan de changement de look, j'ai vu plus de photos avant et après que vous ne pouvez l'imaginer. L'une des manières les plus rapides et les plus faciles pour briller est d'avoir les dents bien blanches, que ce soit avec l'aide d'un professionnel ou avec les moyens du bord en achetant ce qu'il faut en pharmacie ; je suis toujours étonnée de voir la différence que peut faire un sourire frais et blanc.

Très important, ne vous précipitez pas pour vous préparer. Appliquez soigneusement votre maquillage. Prenez suffisamment de temps pour laver et coiffer vos cheveux afin de donner de vous une apparence propre et nette. Choisissez vos vêtements et vos accessoires de façon que vous vous sentiez parfaite.

Portez ce que vous savez comme étant indispensable à votre irrésistibilité. Buvez de l'eau, prenez des vitamines et portez un écran solaire. Adoptez une alimentation saine et riche.

Vous avez tellement de livres, de vidéos et de magazines sur le marché qui vous parlent de santé et de *bien-être* que je n'entrerai pas dans les détails pour vous dire ce que vous devez faire. Cependant, sachez que votre corps est prévu pour bouger. Ne sous-estimez jamais l'impact que la pratique régulière d'une activité physique a sur votre irrésistibilité. Les bénéfices d'un sport vont bien au-delà de la silhouette saine que vous pouvez avoir. Cela va de l'augmentation des endorphines (hormones heureuses) qui combattent naturellement la dépression au risque réduit de maladies cardiaques en passant par le développement de la capacité à mieux vivre le quotidien. Le résultat final vaut largement l'investissement !

Un entraînement physique, des exercices pour maintenir l'endurance et la souplesse sont les clés pour être en forme. Choisissez les exercices qui incluent ces trois éléments. Trouvez des cours et des activités que vous jugez motivants et amusants. En tant que danseuse, je préfère les cours qui font bouger avec une musique entraînante. J'aime aussi le défi intense et la nature spirituelle du yoga. Évidemment, la chose la plus importante dans tout exercice, c'est de pratiquer régulièrement. Si vous n'avez pas fait de sport depuis un moment, je sais que cela peut être intimidant de s'y mettre. Faites-moi confiance. Rien ne pourra être plus important dans votre façon d'être. L'un des meilleurs moyens de vous préparer à la réussite est de participer à des cours. L'énergie et l'efficacité des groupes sont imbattables. Les cours durent en général une heure et votre corps tout entier travaille tandis que vous êtes dirigée et motivée par un professionnel tout autant que par le groupe avec lequel vous évoluez. Souvenez-vous que votre personne est composée de trois parties : un esprit, un corps et une âme. Pourquoi faire petit ? Tout ce que vous faites peut soit soutenir votre irrésistibilité, soit la gommer complètement. Lancez-vous ! Utilisez tous vos atouts pour exprimer la vie et l'irrésistibilité qui sont en vous.

Défi

Dressez une liste des différents domaines de votre apparence qui ont besoin d'être réactualisés. Voici quelques idées :

- dessous ;
- produits cosmétiques et soin de la peau, produits pour les cheveux et les dents ;
- bijoux et accessoires ;
- chaussures ;
- vêtements de travail ;
- vêtements pour sortir ;
- vêtements de sport ;
- chaussettes ;
- vestes et manteaux.

Sélectionnez maintenant un de ces domaines. Sortez de vos placards tout ce qui rentre dans la catégorie que vous avez choisie. Essayez tout et voyez ce qui vous convient. Donnez ou jetez les choses que vous n'avez pas portées ou utilisées ces dix derniers mois. N'oubliez pas de noter les choses que vous aimeriez remplacer.

Regardez les catalogues et les magazines, allez sur Internet et dans les magasins pour faire des choix actuels et appropriés qui vont renforcer votre irrésistibilité. Ne vous précipitez pas. Prenez votre temps et remplacez les choses au fur et à mesure que vous en trouvez d'autres. Servez-vous de votre intuition et de vos amies très au courant de la mode pour vous aider à choisir ce qui vous va le mieux. C'est une excellente occupation à faire à plusieurs. Si vous voulez garder une trace de votre transformation irrésistible, prenez des photos avant et après.

Lorsque vous avez terminé avec un domaine particulier, choisissez-en un autre et répétez le même processus. Continuez jusqu'à ce que tout ce que vous portez soit l'expression claire et actuelle de votre véritable moi. Amusez-vous ! Avant de vous en apercevoir, vous aurez complètement réactualisé votre look de la tête aux pieds.

Aperçu des questions à vous poser

- Quels sont les domaines de votre apparence personnelle qui auraient besoin d'un peu d'attention ?
- Quel type d'aide vous serait utile ?
- À quand remonte le dernier inventaire de votre garde-robe ? Produits cosmétiques ? Cheveux ?
- Y a-t-il une chose que vous possédez qui vous encombre ?
- Êtes-vous prête à vous débarrasser de ces articles pour faire de la place à quelque chose de neuf et de plus irrésistible ?

PARTIE 3

Rassemblons tout

Si nous regardons dans la bonne direction, alors tout ce qu'il nous reste à faire, c'est de continuer à avancer.
Ancien proverbe bouddhiste.

Chapitre 12

Questions fréquemment posées : 21 réponses à vos dilemmes de rencontres les plus brûlants

Vous demandez-vous parfois si vos questions sont idiotes ? Moi de même. Surtout pour tout ce qui touche à l'intimité, au sexe et à l'amour. Et de me dire souvent : "Est-ce que je suis la seule qui ne connaît pas la réponse à cette question ?"

Au fil des ans, j'ai eu le privilège d'entendre beaucoup de questions posées par des femmes partout dans le monde. J'admire toujours le courage qu'il faut pour tendre la main et demander de l'aide. Ce désir de parvenir à une connaissance plus profonde de soi et des gens qui sont autour de soi est ce qui prépare la base pour une vie de développement personnel.

Vous trouverez ci-après un ensemble des questions les plus courantes que l'on m'a posées. Les réponses procurent des conseils basés sur l'approche expliquant comment mettre tous les hommes à vos pieds.

1 Pourquoi est-ce que je ne peux pas lâcher mon ex ?

Parce que vous résistez à la rupture. Souvenez-vous, tout ce à quoi vous vous opposez résiste. Quel que soit ce que vous voyez réellement, sans émettre de jugement, disparaît. Soit vous continuez à vous torturer et ceux qui sont autour de vous en résistant à la réalité, soit vous voyez que c'est terminé (et vous ne vous jugez pas pour cela), ce qui laisse aux sentiments la possibilité de disparaître naturellement. Dans le même temps, commencez à vous amuser et conduisez-vous comme cette fille irrésistible que vous êtes.

2 Pourquoi suis-je si méfiante vis-à-vis des hommes ?

Parce que, quelque part, vous avez appris à ne pas leur faire confiance. Il y a trois manières d'absorber les informations lorsque nous grandissons : nous entendons, nous voyons ou nous faisons nous-mêmes l'expérience. Si vous avez été élevée dans une famille au sein de laquelle vous avez sans cesse entendu dire que les hommes ne sont pas dignes de confiance, vous aurez probablement ce schéma bien ancré dans votre vie. Si, durant votre enfance, vous avez vu que les hommes ne peuvent pas être dignes de confiance en observant votre père ou un autre homme mentir ou tricher, vous serez probablement prédisposée à ne pas faire confiance aux hommes. Enfin, si étant enfant, vous avez vous-même vu qu'on ne pouvait pas faire confiance aux hommes, soit en subissant des maltraitances, soit en voyant des hommes manquer à leur parole, vous êtes, là encore, certainement prédisposée à ne pas faire confiance aux hommes. Tout cela est parfaitement normal et, heureusement, la seule chose dont vous ayez besoin pour faire disparaître cette conviction est d'en prendre conscience.

3 Pourquoi suis-je obsédée par le fait qu'il me trompe ?

C'est une question délicate. En partie du fait des convictions dont nous venons de parler. Mais il y a autre chose. J'ai découvert que cela aide d'apporter une attention toute particulière à la situation et à la relation. Une possibilité existe que vous reveniez intuitivement sur le fait qu'on ne peut pas lui faire confiance et qu'il puisse vous tromper. Il va falloir examiner votre information interne et voir si cela vient de vous (comme le sentiment d'insécurité habituel qui est sans rapport avec les événements) ou de ce drôle de sentiment en vous lorsque vous savez que quelque chose n'est pas normal (appelez cela une réaction instinctive ou de l'intuition). Il est simplement question d'examiner son propre jardin secret et, plus important, de s'avouer la vérité même si cela ne convient pas ou que ça n'est pas ce que l'on veut croire.

4 Est-ce que la différence d'âge est importante ?

Non, à moins que vous ne le vouliez. Rien n'a de sens sauf celui que vous voulez donner. Stéréotyper les hommes selon leur âge est aussi ridicule que de les diviser par catégorie en fonction de la couleur de leurs cheveux ou de leur pointure. Si vous voulez être vraiment irrésistible, oubliez tout sur l'âge et commencez à vous intéresser aux gens pour ce qu'ils sont réellement.

5 Est-ce que les hommes aiment que les femmes fassent le premier pas ?

Cela dépend. Si vous roulez des mécaniques parce qu'au fond de vous, vous pensez qu'une relation avec un homme résoudra tous vos problèmes, alors la réponse est non. Si vous êtes présente, vivante et irrésistible, alors la réponse est oui.

Si vous rencontrez justement un homme qui a une "histoire", qui a besoin d'être l'agresseur, alors cela peut être un problème (qui voudrait de lui d'ailleurs ?). Les hommes plus mûrs, équilibrés et célibataires apprécient l'attention spontanée d'une femme.

6 Est-ce que les hommes veulent secrètement que nous les changions ?

Non.

7 Est-ce que les hommes aiment que les femmes les invitent à sortir ?

Certains hommes aiment ça, d'autres non. Comme vous l'avez appris en lisant ce livre, les règles ne fonctionnent pas. Pour être réellement irrésistible, il faut oublier de suivre des règles et développer sa capacité à regarder et à voir ce qui est approprié au moment présent. Utilisez votre outil le plus performant qui soit, votre intuition, pour vous guider au cas par cas.

8 Est-ce que les hommes aiment les femmes qui disent ce dont elles ont envie au lit ?

Oui, oui et oui… oui ! Attention : ne faites pas référence à ce que vos ex-amants faisaient et ne lui parlez pas sur un ton condescendant comme s'il devait déjà savoir ce que vous voulez.

9 Est-ce que les hommes préfèrent sortir avec des femmes maigres ?

Non. Les hommes préfèrent les femmes sexy et désirables, quelles que soient leurs formes et leur taille. Certains hommes aiment un petit coussin supplémentaire pour mieux s'installer confortablement, d'autres les aiment sveltes et puis il y a ceux qui aiment le reste. Peu importe votre taille, soyez irrésistible en prenant soin de vous.

10 Est-ce que cela marche de se faire désirer pour l'obtenir ?

Non. Relisez le chapitre 10.

11 Comment puis-je amener mon compagnon à être plus tendre ?

Vous ne pouvez rien faire. Les hommes sont comme ils sont. Aimez-les ou quittez-les (revoyez le chapitre 2). Ne perdez pas votre temps ou votre énergie à essayer de changer ou d'améliorer quelqu'un.

12 Comment puis-je savoir lorsqu'un homme n'est pas intéressé par moi ?

S'il n'appelle jamais, ou rarement, ou s'il veut que ce soit vous qui l'appeliez toujours. S'il ne demande jamais à vous voir ou qu'il insiste pour que vous alliez le voir. S'il dit qu'il est trop occupé, qu'il vient juste de terminer une aventure et qu'il a besoin de temps, qu'il a eu des problèmes de relation ou qu'il ne veut pas faire l'amour avec vous. Là, vous pouvez être sûre qu'il n'est pas intéressé par vous.

13 À quel moment amener un nouveau garçon à la maison et le présenter à mes parents ?

Il n'y a pas de règles quant à l'opportunité d'une rencontre avec les parents. Toutefois, beaucoup de femmes se précipitent pour organiser la rencontre parce qu'elles fondent beaucoup d'espoir dans l'avenir et essaient de forcer la relation à changer de niveau. La meilleure chose à faire pour vous, pour lui et pour votre famille est de vous détendre. Essayer d'activer les choses parce que vous pensez que vous serez plus heureux et plus liés une fois qu'ils se seront rencontrés est voué à l'échec. S'il est vraiment l'heureux élu de votre vie, la rencontre avec vos parents se produira de façon toute naturelle le moment venu.

14 Si une femme appelle un homme après leur premier rendez-vous, sera-t-il rebuté ?

Les hommes sont rebutés par le désespoir et l'indigence. Si vous êtes désespérée et dans le besoin lorsque vous appelez, alors oui, il se sentira rebuté. Si vous croyez qu'une relation vous sauvera, oui, il se sentira rebuté. Si vous devez l'appeler immédiatement parce que vous avez besoin de tout contrôler et que vous vous considérez comme une femme forte et indépendante qui n'a pas de temps pour s'amuser et que vous avez besoin de savoir immédiatement s'il vous aime ou non, là, oui, il se sentira rebuté. En revanche, si vous êtes en dehors de toute idée de manipulation et que vous n'attendiez rien, il ne se sentira probablement pas rebuté. Le plus difficile, c'est de ne pas vous mentir à vous-même. N'oubliez pas non plus que les hommes sont des chasseurs dans l'âme. Ne lui enlevez pas le plaisir qu'il a en exprimant ses instincts primitifs masculins.

15 Est-ce que je peux demander à mon petit ami de me parler de ses ex-fiancées ?

Oui, si vous voulez vous torturer. Lui demander de parler de son ex-fiancée le fera repenser à elle. Lorsque le moment est approprié pour parler des ex (des siennes ou des vôtres) et si cela arrive, parlez-en dans un endroit neutre et en étant tout à fait consciente de ce que vous faites. Sachez écouter et ne débinez pas votre ex ou la sienne. Jusque-là, pourquoi déterrer quelque chose qui est passé ? Reportez votre attention sur le moment présent et découvrez qui il est dans votre relation.

16 Y a-t-il des choses que les hommes n'aiment pas faire au lit ?

À l'exception de venir avec d'autres hommes (et quelques hétérosexuels le font), la plupart des hommes aiment tout. Votre tâche consiste à vous assurer que vous êtes propre et fraîche mais, surtout, que vous engagez une exploration sexuelle enjouée et une découverte mutuelle qui vous conviendra à tous les deux.

17 Que pense un homme lorsque vous faites l'amour avec lui dès le premier rendez-vous ?

Cela dépend. Si vous faites l'amour pour manipuler et créer de profonds sentiments, pour qu'il vous aime, ou que vous renonciez parce que vous avez bu, il ne va pas penser : "Je ne peux plus attendre de la présenter à maman !" Les hommes ne sont pas idiots. Ils savent si vous vous servez du sexe comme d'un outil. Soit ils joueront pour avoir plus de sexe, soit ils oublieront fort à propos de vous appeler pendant un mois ou deux jusqu'à ce qu'ils aient de nouveau envie. De toute façon, il ne vous considérera pas comme une relation et vous serez pour toujours dans la catégorie de ses potes.

Lorsque vous êtes claire avec vous-même et que vous ne pensez pas qu'une relation vous sauvera, faire l'amour au premier rendez-vous peut être grisant et amusant. Toutefois, la plupart des femmes pensent toujours que quelque part, une relation les sauvera. S'il y a doute, je vous suggère de patienter.

18 Qu'est-ce que cela signifie lorsqu'un homme vous dit qu'il vous aime mais qu'il n'est pas amoureux de vous ?

Cela veut dire qu'il veut partir mais qu'il n'a pas le courage de le dire directement. Il essaie de faire de son mieux pour vous laisser tomber en douceur et ne pas vous blesser plus que de raison.

19 Qu'est-ce que cela signifie lorsqu'il dit qu'il n'est pas prêt pour une relation sérieuse ?

Cela signifie qu'il ne veut pas avoir une relation sérieuse avec vous. Ne vous faites pas d'illusion sur lui ou attendez et faites l'amour avec lui jusqu'à ce qu'il soit prêt. Courez, ne marchez pas, partez vite et repartez à l'attaque.

20 Qu'est-ce qu'il veut signifier lorsqu'il dit qu'il a besoin d'espace ?

Cela veut dire qu'il veut rencontrer d'autres femmes ou au moins être suffisamment éloigné de vous pour en avoir la possibilité. Ne faites pas l'erreur de croire qu'il est différent parce qu'il a un emploi particulier, des problèmes de famille ou de santé (bla bla bla). Un homme qui vous veut vraiment et qui sait combien vous êtes fantastique ne peut supporter l'idée de ne pas vous voir pendant des semaines ou des mois. Il y a plein d'hommes célibataires qui meurent d'envie de rencontrer une jolie fille comme vous pour vous garder à eux seuls.

21 Comment puis-je être sûre que je suis avec l'homme qu'il me faut ?

Vous n'avez aucun moyen de le vérifier. À moins de vous investir totalement dans la relation que vous avez maintenant, vous ne saurez jamais. Il y a un adage qui dit : "L'herbe est toujours plus verte là où vous l'arrosez." Jusqu'à ce que vous commenciez à accorder toute votre attention à votre relation actuelle, vous resterez dans un espace douloureux où vous essaierez d'anticiper, de réfléchir à ce que vous devriez faire ou ne pas faire. Arrêtez de vous maîtriser et commencez à être honnête, compatissante et affectueuse avec votre compagnon. Soit la relation va aller de l'avant, soit elle en restera là. Vous ne pouvez pas le calculer, vous devez vous engager pleinement avec votre cœur. Ça n'est qu'à ce moment-là que vous découvrirez votre vérité.

Chapitre 13

Et maintenant, quoi ?

Félicitations, Miss Irrésistible ! Vous avez maintenant découvert les secrets pour mettre tous les hommes à vos pieds et vous avez en main les outils pour profiter de relations saines et satisfaisantes avec les hommes.

Dans la première partie de mon livre, vous avez franchi l'étape de l'irrésistibilité et découvert, non seulement pour quelle raison vous avez besoin d'être irrésistible, mais également quel formidable impact vous pouvez avoir sur le monde. Vous avez découvert aussi que les relations sont des opportunités d'échange spirituel, et même si elles sont formidables, avoir une relation avec un homme ne peut pas nécessairement vous sauver ou vous apporter ce qui vous manque. Vous avez appris aussi que l'instant présent est tout ce que vous possédez, les hommes sont des marchandises sans fioritures et, malgré ce pour quoi nous luttons, l'amour n'est pas garanti.

Dans la deuxième partie, vous avez découvert comment laisser tomber les règles et comment mettre à mal votre idée de l'homme parfait. Vous avez appris comment vous libérer de la perfide guerre des sexes et comment lâcher les histoires de votre passé qui, d'une manière ou d'une autre, vous portent préjudice. Vous avez découvert que laisser tomber vos gémissements vous aidera à rencontrer plus d'hommes quasi instantanément et pourquoi avoir la vie que vous voulez et la conserver sont les clés pour pouvoir rester centrée sur vous et être irrésistible dans toute relation. Enfin, vous avez exploré l'idée de l'emballage parfait et découvert des façons simples de mettre l'accent sur votre apparence pour renforcer votre *bien-être* intérieur. Souvenez-vous, vous pouvez dès à présent vous exprimer spirituellement, émotionnellement et sexuellement. C'est le secret pour être irrésistible de manière authentique et durable. Vous devez absolument reconnaître que vous êtes un être à part entière, au moment présent. Il s'agit tout simplement de la vie. Il est vrai que c'est vraiment excitant de libérer la vie qui est en vous, c'est aussi un énorme cadeau que vous faites au monde. En donnant libre cours à votre irrésistibilité, vous donnez aux autres la possibilité de faire de même.

Maintenant que vous avez cette sagesse, ne la gardez pas pour vous. Dites à toutes les femmes que vous connaissez qu'il y a d'autres possibilités. Dites-leur qu'elles n'ont pas besoin de manipuler ou de jouer pour obtenir ce qu'elles veulent des hommes. Dites-leur qu'elles n'ont pas besoin de faire semblant ou d'élaborer des stratégies pour connaître l'amour, l'attention et la satisfaction dont elles ont envie. Lorsque vous rencontrez une femme qui est perdue et qui cherche une autre route, parlez franchement et partagez avec elle ce que vous avez appris dans ce livre.

Vous vous demandez peut-être ce qu'il est advenu de cet homme fantastique, Josh, dont je vous ai parlé ? Vous vous souvenez, le type qui avait eu 0 sur ma liste de l'homme parfait ! Il n'y a pas très longtemps, nous étions en train de dîner dans notre maison au bord de la plage à Sag Harbor, près de New York. Nous étions à la fin de l'été. La lumière orange du coucher du soleil dansait sur nos verres de vin tandis que les arbres bruissaient doucement dans la brise chaude. C'était pour nous une soirée habituelle, nous étions assis en tailleur sur le canapé, nous mangions un repas préparé à la maison tout en regardant un film. Ce soir-là, pourtant, ce ne fut pas un moment habituel. Au bout de quelques minutes pendant que nous regardions le film, Josh a tranquillement repoussé son assiette, a reposé son verre de vin et s'est agenouillé devant moi. Il a souri, pris ma main et m'a demandé de l'épouser.

À ce moment-là, j'ai su qu'il ne posait pas la question à une femme qui avait suivi les règles et l'avait manipulé pour obtenir quelque chose de lui. J'ai su qu'il ne posait pas la question à une femme qui lui avait habilement fait pression pour l'épouser. J'ai su qu'il ne posait pas la question à une création de son imagination ou à la femme parfaite. Il me le demandait à moi, cette femme bien réelle, imparfaite, parfois un peu folle, et souvent irrésistible. La femme qui rit, pleure, fait des erreurs, adore le fromage, est obsédée par les cheveux sur les vêtements et cuisine le gâteau au crabe.

Lorsque j'ai réussi à parler, j'ai serré sa main, je l'ai regardé droit dans les yeux et j'ai dit : "Oui, je veux bien me marier avec toi !" Ce fut l'un des moments les plus doux et formidables de ma vie.

Est-ce que cela signifie que nous devions béatement rejoindre à jamais le pays du bonheur ? Qui sait. Mon unique tâche est de rester là pour dire la vérité, à ce moment précis, et l'avenir se débrouillera tout seul. Ce que je sais, c'est que je dois être aussi honnête, compatissante et tendre que possible car c'est le secret de ma véritable irrésistibilité. Ma vie fonctionne lorsque mon cœur est ouvert. Cela me permet de rester saine d'esprit et sur les bons rails. Lorsque je suis vulnérable, je suis belle. Lorsque je suis expressive et vraie, je me sens profondément vivante. Je suis en parfaite harmonie non seulement avec moi-même mais aussi avec ceux qui sont autour de moi.

Quoi que vous fassiez, ne retenez pas votre cœur. Votre capacité à aimer est beaucoup plus grande que ce que vous pouvez imaginer. Votre irrésistibilité est un cadeau. Et votre volonté d'aimer et d'être irrésistible est un miracle qui nous touche tous.

Critiques

"*Mettez tous les hommes à vos pieds* est davantage qu'un livre qui parle des relations. C'est un livre de responsabilisation pour les femmes de tous âges et de tous styles. En tant qu'animateur de Web Sorority Talk Radio, j'entends souvent des femmes qui réussissent dirent qu'elles aimeraient bien avoir autant de succès en amour que dans leurs affaires. Ce livre montre aux femmes comment arrêter de ne penser qu'à leurs petits défauts pour mieux se concentrer sur leurs points forts. Que vous soyez célibataire ou mariée, ce livre est à lire absolument, il est destiné à toutes les femmes qui veulent prendre leur force en main et commencer à se sentir bien avec elles mêmes."

Lynne Klippel, auteur de *Web Wonder Women* et animatrice de Web Sorority Talk Radio (websororitytalkradio.com).

"Ce livre est génial ! Simple et pourtant incroyablement profond. Si vous voulez avoir l'air extrêmement désirable tout en développant votre confiance en vous, dévorez chaque mot du livre, vous en serez complètement transportée. De plus, vous en tirerez des bénéfices pendant les années qui viennent."

Peggy McColl, auteur du best-seller *Your Destiny Switch*.

"Enfin, un livre qui illustre comment développer une relation authentique avec vous-même pour vous sentir encore mieux avec les autres. Les concepts du livre m'ont aidée à mieux prendre conscience de moi, de façon plus positive. Cela m'a permis de changer la dynamique de mes relations personnelles."

Kendra Todd, gagnante de "L'élève" (troisième saison), auteur du best-seller *Risk&Grow Rich*, et animatrice du programme TV de HG : "My house is worth what ?"

"L'ouvrage de Marie est un premier livre facile à lire pour toutes les femmes qui ont envie de se sentir bien et plus efficaces dans tous les domaines de leur vie. Surtout ne croyez pas qu'il s'agit d'un simple livre sur les rencontres. C'est un livre qui s'engage à améliorer votre vie."

David Greenwalt, auteur de *The Leanness Lifestyle*, leannesslifestyle.com.

"Je suis psychothérapeute, j'ai passé de nombreuses années à aider les gens à dépasser ce qui pouvait les bloquer dans leurs relations. Marie a enfoncé le clou et son livre donne aux gens les outils nécessaires pour entrer en relation, ce qui est toujours la clé pour une vie meilleure. Un livre fantastique !"

Donna Fish, LCSW, auteur de *Take the Fight Out of Food*, takethefightoutoffood.com.

"Je suis époustouflée par votre livre. Il va en plein dans le mille et c'est une vraie bouffée d'air frais, comme si vous me donniez la permission de respirer. La liberté qu'il nous donne est proprement sidérante. C'est à lire absolument, mesdames, que vous ayez un homme dans votre vie ou non. Merci pour votre travail surprenant et votre beauté d'âme. Je suis profondément émue et transformée d'avoir lu votre livre et prête à laisser vivre mon irrésistibilité vingt-quatre heures sur vingt-quatre."

Lynn Rose, chanteuse, conférencière et animatrice de télévision et radio, lynnrose.com.

"Quel outil fantastique et nécessaire pour nous autres qui avons besoin de ce petit coup de pied dans notre amour-propre. Je suis le roi des inquiets alors j'adore le fait de penser que je suis OK et décompresser n'est pas une option pour être irrésistible, c'est recommandé."

Brett Jackson, maquilleur dans la mode et le milieu des célébrités.

"Mon mari a été choqué lorsqu'il a vu le titre du livre, *Mettez tous les hommes à vos pieds*. Il a changé de musique maintenant. Les techniques apparemment simples (mais très fortes) du livre de Marie ont apporté une étincelle inattendue dans notre couple qui dure depuis sept ans et demi. Faites-moi confiance, ce que vous apprendrez mettra n'importe quel homme aux anges… et vous pourrez aussi découvrir des choses nouvelles sur vous. Un excellent livre !"

Lorrie Morgan-Ferrero, rédactrice publicitaire et directrice générale de redhotcopy.com.

"Si vous êtes prête à augmenter le quotient de votre irrésistibilité, cette lecture rapide et divertissante vous aidera à développer le sentiment que vous avez d'être irrésistible et votre nouvelle attitude rendra les hommes complètement accros. Servez-vous de ces stratégies irrésistibles dans votre travail et cela peut marcher aussi auprès de vos clients !"

Lynn Pierce, créatrice de Women's Business Empowerment Summit,
womensbusinessempowerment.com.

"Je suis entraîneur personnel, j'entends tous les jours des femmes parler de leurs malheurs dans leurs relations. Je suis heureuse pour Marie Forleo. Elle apprend aux femmes comment faire. Elle nous fait voir que la balle est toujours dans notre camp ! Son livre est drôle et optimiste, il en vaut la peine."

Ellen Barrett, M.S auteur de *Sexy Yoga and Weights for Weight Loss*.

"Ce livre est vraiment fantastique et honnête. Chaque page est drôle et pleine d'esprit. J'ai souffert du syndrome du vilain petit canard par le passé, j'ai pu utiliser cette approche pour transformer ma vie, découvrir ma beauté intérieure et avoir confiance pour être sexy, ce qui a eu des effets surprenants sur les rencontres à New York !"

Fernanda Franco, designer graphique et artiste, fernandafranco.com.

"C'est un grand livre pour toutes les femmes, qu'elles aient ou non un homme dans leur vie. Je recommande chaudement de lire et de mettre les conseils en application. Je suis complètement d'accord avec les informations que l'on y trouve et j'ai hâte de les mettre en pratique dans ma vie !"

Heidi Selz, cofondatrice de divaschool.com.

"Je suis un homme qui rencontre beaucoup de femmes différentes et je peux dire que si une femme devait suivre les conseils de Marie et était le genre de femme que Marie décrit, cette femme serait incroyablement séduisante. Marie parle en fait d'une femme qui est profondément et totalement vivante. Tout le monde est attiré par cela, on ne peut pas s'en empêcher. C'est beaucoup plus qu'un livre qui livre des stratégies de rencontres. C'est un livre qui nous enseigne comment découvrir les plus beaux trésors de la vie."

Will Morris, CFM, conseiller financier.

"*Mettez tous les hommes à vos pieds* transformera profondément votre façon de penser et d'agir dans vos relations et dans votre vie. Les stratégies très efficaces de Marie pour connaître le véritable amour, les liens authentiques et le *bien-être* personnel sont de la magie pure ! Si vous voulez connaître le secret pour rencontrer l'amour et vivre votre vie, lisez ce livre tout de suite."

Edward Hallowell, M.D, auteur des best-sellers *Crazy Busy* et *Delivered from Distraction*.

"*Mettez tous les hommes à vos pieds* est un livre fantastique ! J'ai apprécié chaque page. Je me sens forte et heureuse. Je le lis presque chaque jour parce qu'il reste toujours dans mon sac. Ce livre a vraiment changé ma vie. C'est quelque chose que chaque femme a besoin de connaître. Merci d'avoir écrit ce livre étonnant !"

Silvana Jivkova, femme d'affaires, Londres, Angleterre.

"Je ne vous remercierai jamais assez d'avoir écrit un livre comme celui-ci. Je dois dire que c'est le meilleur investissement que j'aie jamais fait. Votre travail m'a vraiment ouvert les yeux pour découvrir la vie que j'ai toujours voulu vivre. Je vis maintenant une vie vraiment satisfaisante, et ces questions inutiles du passé sur lesquelles je n'ai aucun contrôle n'entrent même plus dans mon esprit. J'attends vraiment vos prochains livres, s'il y en a. Encore merci !"

Andrew Mayne, Victoria, Australie.

"Ce livre a complètement changé ma vie ! J'ai pu arrêter de lutter chaque jour pour créer presque sans effort ce que je voulais faire de ma vie. Les changements sont étonnants, mais ce qui est surprenant, c'est la vitesse à laquelle ma vie a changé. *Mettez tous les hommes à vos pieds* est beaucoup plus qu'un livre sur les relations, c'est un guide de vie essentiel."

Virginia Daniels, promoteur immobilier et artiste, Brisbane, Australie.

Composé en France par Jouve
11, bd de Sébastopol - 75001 Paris

Achevé d'imprimer en ALLEMAGNE
Par l'imprimerie CPI – Clausen & Bosse
25917 Leck, Février 2009